ライティングの挑戦

15週間

これから研究を書くひとのためのガイドブック ［第2版］

佐渡島紗織・吉野亜矢子　著

ひつじ書房

はじめに

　皆さんが高校や大学あるいは大学院に来たのは、それぞれいろいろな目的があってのことでしょう。「もっと世界を広げるために」、「新しい友達を作るために」という目的であるかもしれません。あるいは、強く興味を持っているテーマがすでにあって「答えを知るため」であるかもしれません。将来つきたい職業に関する「専門知識を得るため」という人もいるでしょう。

　ぼんやりとした目的であれ、はっきりとした目的であれ、今、皆さんは「学問をする場所」に身を置いているのです。そして、「学問をする」ことは、実はとてもスリリングなことなのです。それは皆さんが「既に人間が持っている知識の境界線を広げるかもしれない」ということを意味するからです。

　そもそも「学問をする」とは実際には何をすることを指すのでしょうか。いろいろな知識を広く蓄えて物知り博士になることでしょうか。この答えは十分ではありません。では、専門的な本をたくさん読んで一つのことに詳しくなることでしょうか。この答えも完全ではないでしょう。

　『広辞苑（第七版）』によれば、「学問」とは「一定の理論に基づいて体系化された知識と方法」とあります。上の、「知識を広く蓄える」、「一つのことに詳しくなる」は二つとも「知識」の獲得を指しています。皆さんにとっては、この「知識」は、大学や大学院で皆さんの選んだ〈専門分野における内容〉に当たるでしょう。

では「一定の理論に基づいて体系化された方法」とは何を指すのでしょうか。それは、その知識を得るため、あるいは知識を作り出すために必要な〈考える筋道〉であると説明できるかもしれません。つまり「知識」は、始めからそこに存在していて単に教師から生徒へと伝達されるものなのではなく、筋道を追って考えることによって作り出されるものなのです。

　すなわち、〈内容〉を知ることと〈考える筋道〉を身につけることはどちらか片方だけでは「学問をする」には不十分であるということになります。「知識」の獲得と「方法」の習得の両方がそろって、初めて「学問をする」と言えるのです。

　アメリカの大学院ではカリキュラムを語るときに、授業が「内容領域」と「方法領域」に分けられる、という言い方をします。『広辞苑』における「学問」の定義と一致しているところが面白いですね。

　本書は、「学問すること」を「知識」と「方法」に分けたとすると、その「方法」に当たる部分に関わっています。すなわち、皆さんの、専門分野における「知識」がより深く、広く、価値の高いものとなっていくための「方法」を示そうというものです。

　方法を学ぶことにはいくつもの利点がありますが、一番重要な利点として「自立した学習者になることができる」ことを挙げたいと思います。英語の

ことわざに "Give a man a fish and you feed him for a day; teach a man to fish and you feed him for life." （魚を与えても、1日の糧にすぎないが、漁を教えれば、一生の糧となる。）というものがあります。

　知識を体系付けて身につけていくことは重要です。しかし、研究とは本来、既存の知識を超えようとする知性の営みであるはずなのです。それがどんなに小さなことであっても、「まだ誰も知らない問い」の答えを、自分で見つけることこそが研究です。学問の方法論を学ぶことは、大学や大学院を出た後も、常に新しい知識を自らの力で獲得できる能力を身につけることとも密接に関わっています。

　ですから、「学問をする」場に身を置いている皆さんは、「体系化された知識」とともに、「体系化された方法」をも学んで、「まだ誰も知らない問い」の答えを見つけて下さい。そのスリリングな体験を是非味わってほしいと思います。

　一口に「方法」と言っても様々な側面が考えられますが、ここでは「書くこと」を主体とした方法を皆さんと一緒に学びたいと思います。「書くこと」のうち、特に「文章を書くこと」に焦点を当てた部分が前半の［文章編］です。わかりやすい文章、科学的な文章を書くための留意点を15章にわたって載せました。また、特に「研究内容を書くこと」に焦点を当てた部分が後半の［論文編］です。研究を計画、実行し、結論を出すまでの経緯を順に追いながら、

論文に書き上げるための留意点を24章にわたって載せました。24章のうち、九つの章は「文献研究」、九つの章は「実証研究」、六つの章は共通の内容を扱っています。「実証研究」は本書では主に質的研究を扱っています。統計を使う分析については触れていません。

　佐渡島と吉野は、日本の大学院で教える機会をいただき、「方法領域」の授業をもっと充実させることが学生さんたちの必要性に答えることになるのではないかという思いを強く持ってきました。二人はたまたま同じように、修士号を日本で、博士号を海外で取得した経験を持ちました。日本の大学院と海外の大学院を比べると、最も大きな違いは「方法」をどのように教えるかという点にあるのではないかと感じています。

　インターネットの発達や図書館の充実により、現代の学生さんには、「内容」に関する情報そのものを収集することは、かつてよりずっと易しくなっています。しかし、それらの情報を整理し再構築していく「方法」は、実際に指導してもらうことが有効なのではないでしょうか。

　本書によって「方法領域」の授業が日本で少しでも盛んになることを願い、学生さん方が、この本を自学自習やグループ学習に使っていただければ嬉しく思います。また、教育機関の教員の方々が授業のテキストとして使っていただけたらそれも大変嬉しく思います。

この本の使い方

本書は次のような意図で作成されています。

①半期の授業で使えるように章の数が作られています。［文章編］が15週間で、［論文編］の文献研究、［論文編］の実証研究がそれぞれ15週間で学べるようになっています。
②［論文編］は、二つのコースに分かれています。文献研究コースと実証研究コースです。文献研究コースと実証研究コースには、共通する章があります。

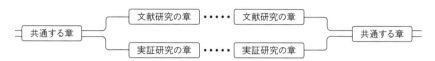

　文献研究コースと実証研究コースは、まずはどちらかのコースを選んで、最初から最後まで通して学ぶことをお勧めします。それが終わったら別のコースに移って、別の小論文を書くのがよいと思われます。

③一つの章を90分間〜100分間で学ぶことを想定しています。ですから、45分授業で教える高校では、［文章編］、［論文編］文献研究、［論文編］実証研究を、それぞれ、一週間一度の授業で一年かけて扱えることになります。
④「導入」の問題が各章の始めに登場します。その章で学ぶ主要な内容がクイズのように出題されています。クラスまたは個人で、既成知識を使って自由に楽しく取り組んでいただければと思います。「導入」の答えや考え方はウェブサイトからのダウンロードが可能です。
⑤「練習問題」に対する答えは、本文中に書かれているものと、ウェブサイトに入れられているものとがあります。原則を理解するために授業で説明が必要なものは本文に載せられています。原則が理解された後、練習として取り組むことを想定している問題に対する答えは、ウェブサイトの中に入れられています。
⑥**アクティビティ**で時間を調節して下さい。**アクティビティ**を全部やると、90〜100分よりも長くかかる章があるでしょう。復習をするための宿題として**アクティビティ**を使うこともできます。
　また、必要性に応じて**アクティビティ**を選択して下さい。目的、学習者のレベル、分野などによって強調したい学習内容が異なるでしょう。
⑦文章編では各章の終わりに「チェック・リスト」が載っています。その章で学習した内容が、自分の書いた文章に反映されているかどうかを自己点検するためのリストです。活用して下さい。
⑧ウェブサイトには、次のものが掲載されています。「導入」とその解答・解説、「練習問題」とその解答・解説、「アクティビティ」の解説（一部のみ）、「追加アクティビティ」、印字して学習者に手渡すとよいと思われる本文中の資料、［文章編］に掲載されているすべてのチェックリストです。教員の方、自学自習をされる方がそれぞれの必要に応じて活用していただければ幸いです。

目次

はじめに………2

この本の使い方………6

第一部

文章編

01
学術的文章とは
どのような文章か………10

02
「一文一義」で書く………14

03
語句を明確に使う………20

04
「マップ」を作って書く………26

05
「パラグラフ」を作る………32

06
主張を根拠で支える………36

07
論点を整理する………44

08
抽象度の調節をする………52

09
参考文献を示す………60

10
「ブロック引用」をする………72

11
要約引用をする………80

12
図や表を作る………90

13
「私語り」から脱出する………94

14
外来語と専門用語を扱う………104

15
推敲・校正をする………110

第二部
論文編

01
学術論文とは何か………116
［文献研究］［実証研究］

02
文献研究と実証研究の
性質と選択、論文の構成………124
［文献研究］［実証研究］

03
テーマの選択………132
［文献研究］［実証研究］

04
領域の下調べをする………136
［文献研究］

05
アウトラインを考える………142
［文献研究］

06
一回目の序論を書く………148
［文献研究］

07
一次資料と二次資料………154
［文献研究］

08
情報を整理する………162
［文献研究］

09
画像を読む………170
［文献研究］

10
データを読む………174
［文献研究］

11
結論を書く………178
［文献研究］

12
一回目の序章を書く………182
［実証研究］

13
先行研究の章を書く………186
［実証研究］

14
研究方法を決める………192
［実証研究］

15
研究方法の章を書く………200
［実証研究］

16
フォーマル・
インタビューを行う………208
［実証研究］

17
インフォーマル・
インタビューを行う………214
［実証研究］

18
実証データの整理をする………224
［実証研究］

19
研究結果の章を書く………232
［実証研究］

20
考察と結論の章を書く………238
［実証研究］

21
題をつける、要旨を書く………242
［文献研究］［実証研究］

22
論文を評価する………248
［文献研究］［実証研究］

23
研究計画書を書く………256
［文献研究］

24
研究における
倫理的な問題………260
［文献研究］［実証研究］

おわりに………266
索引………269

文章編

01
学術的文章とは
どのような文章か

下の文章を読み、学術的文章としてふさわしくない点を挙げましょう。

　私が作文教育を受けた時期は、小学校や中学校の読書感想文や絵日記などで教わった。まあ、皆さんもそうだと思うが、日本人は普通、この作文教育を受けているんじゃないかと思う。しかし、実際に何を教わったのかを考えると、実は何も思い出すことができない。記憶がすごく曖昧なのだ。

　かろうじて思い出せるのが起承転結をしっかりしろと教えられたことぐらいだろうか。作文教育は行動情報化社会で大切なものであり、ゆえに妥当性も有効性もないといってもよいのではないだろうか。

　大学ではレポートを書くよりもサークル活動をするほうが楽しかったし、それがまた充実した学生生活だとも勘違いしていたことを今になって公開している。しかし大学側も学生に文章の書き方を教育することや、環境には気を配っていなかったと思う。いつも楽をして単位をとることばかり考えていたので今急に逆の行動を取ることになってしまって戸惑ってしまう学生も少なくないだろう。

　この講義では修士論文として認められるようなきちんとした学術論文の書き方を学びたいと思っている。大学の四年間を含めてそのような機会はいままでなかったのでよろしくおねがいします。

以上

皆さんは、これからレポートや論文を書こうとしています。そしてこの本でレポートや論文を書くための技術の基礎を学ぼうとしています。この章でまず皆さんに気づいてもらいたいのは、「学術的な文章」には学術的な文章を書くための決まりごとがある、ということです。それはまた「学術的な文章」を書くにはそのための訓練が必要だ、ということでもあります。

　「学術的な文章」を書く力を、〈身体能力〉を例に挙げて考えてみましょう。横綱もフィギュアスケートのオリンピック選手も〈身体能力〉が良いことに異論のある人はいないでしょう。しかし、どんなに強い横綱でもフィギュアスケートが上手だとは限りません。横綱は〈身体能力〉が優れていてもフィギュアスケートの技能には長けていないかもしれないからです。それぞれのジャンルにはそれぞれのジャンルの要求するものがあるものです。心肺機能や筋力など、一つのスポーツで培った能力は他の分野にも使えるかもしれませんが、それでも新しいスポーツを学ぶには新たな技能の訓練が必要なのは言うまでもありません。

　「学術的な文章」を書く力も、同様に、他のジャンルで書く力があるからといってすでに備わっているとはいえないのです。例えば、倒置法や体言止めなどの余韻を残す表現手法は手紙や感想文では有効ですが、学術的な文章では文学など一部の分野を除いては避けられる傾向にあります。また、ビジネス文書は箇条書きを多用しますが、学術的な文章であまり箇条書きばかりを並べると異様に見えるかもしれません。そこで、この本では、学術的文章としてのレポートや論文を書くための手法を学びます。

　では、学術的な文章はどのような性質を持った文章なのでしょうか。学術的文章の性質を大きく三つに分けると次のようにまとめられるでしょう。

1.　わかりやすい文章である

　学術的な文章は、多くの抽象的な概念を用いて論じる文章です。また、資料やデータという具体とその解釈という抽象の違いを行ったり来たりする文

章です。あるいはまた、他の文献の記述なども織り込みます。このように大変複雑な要素を持っている文章だといえます。それだけに、読者に意図が明確に伝わるように書くには、注意が必要です。学術的な文章を書く際には、読者にとってわかりやすい文章であることを何よりも心がけます。

2. 思考が整理された文章である

　読者が読んでわかりやすいということは、とりもなおさず、書いている本人が書いていることについてよくわかっているということです。考えが混沌としている状態で文章を書くと、文章も自ずと混乱したものになるでしょう。逆に、よくわかっていることがらは、わかりやすく説明することができるものです。書き手の思考が整理されていて、はじめてすぐれた学術的な文章が書けるのです。

3. 科学的な文章である

　学術的な文章は論証を伴う文章です。主張を根拠によって裏付けします。自分の研究の妥当性や価値を他の研究を引き合いにして論じます。ですから、印象や思いつきで断定することを避けます。また、書き言葉をつかって厳密に意図を示すことを目指します。

　要するに、わかりやすい文章は、考えが整理されている文章なのであり、したがって科学的な文章であるのです。学術的な文章とはそのような文章です。

- ☐ 書き言葉で書いてある。(話し言葉で書かれていない。)
- ☐ 文末が「である」、「であろう」となっている。
  (「です、ます」は使わない。「だ」はできるだけ避ける。)
- ☐ 印象から結論が導き出されているのではなく、根拠が示されている。
- ☐ 段落分けされており、各段落は一字下げて始められている。

02

「一文一義」で書く

　ゼミで博士課程に所属する先輩たちの論文要旨を集めて要旨集を編集することになりました。編集委員の一人に選ばれたあなたは、編集委員を代表して最後のページに「あとがき」を書くことになりました。ところが、自分の書いた「あとがき」にどうも納得がいきません。どこかがおかしいと思われるのです。この「あとがき」はどこがおかしいのでしょうか。

あとがき

　この論文要旨集は、日ごろゆっくり話を聞かせてもらいたいと思いながらなかなか会うことができない先輩たちの研究を少しでもお伝えし、参考にしていただければと、編集委員一同、先輩たちの論文要旨を集め、心をこめて作成しました。

1. 「一文一義」とは

　一つの事柄(ことがら)を一つの文で書くことを「一文一義」と言います。「一文一義」で上の文を直すとどうなるでしょうか。

　この論文要旨集は、先輩たちの研究を少しでもお伝えするために作成しま

した。先輩たちにはゆっくり話を聞かせてもらいたいと思いながら、日ごろなかなか会うことができません。そこで、先輩たちの論文の要旨を集めました。編集委員一同、心をこめて作成しました。参考にしていただければ幸いです。（他にも、適切な分け方や順序があるでしょう。）

このように、「一文一義」で書くと、読者にとってわかりやすい文章になります。読者にわかりやすいのは、なによりも、書き手が思考を整理して書くことになるからでしょう。「○○は〜である。」という基本の形で思考することになるので、文の主語と述部が合わない「ねじれた文」を書くことが避けられるようになります。はじめに書くときはもちろんのこと、後で順序を入れ替えたり、一部を書き直したりすることも容易になります。

2.　思考の単位

上の例でみたように「文」を思考の単位とするとわかりやすい文章ができます。一つ一つ文を積み上げて書いていきます。宇佐美（1989）は、「一文一義」の有効性を提唱し、次のように述べています。「句点をはやくつける。これは内容についていえば、一つの文の中でいろいろな事柄を書くのを避けるということである。（中略）（私は受講生に『一つを五百円玉だと思って、なるべく多くかせぎなさい。』と言う。）」（pp.30-31）。皆さんが書いた文章を見てみて下さい。400字でいくらかせいでいますか。

一つの事柄を一つの文で書くといっても、どこからどこまでを「一義」とするかは書き手の判断によることになります。読者にとってどこからどこまでが「一義」となっていたらわかりやすいかを状況によって判断する必要がありますね。

「文」ではなく「段落」を思考の単位とする文章指導法があります。ひとまとまりの内容を一つの段落で書きましょうと勧める指導法です。しかし「一文一義」は段落を思考の単位とする指導法と矛盾するものではありません。「一文一義」に徹してこそ、わかりやすい段落が書けるはずです。

次の文章を「一文一義」で書き直しましょう。

①テロリストを炙り出すという大義名分の元に人権を無視した不当逮捕は何があっても許してはならない。

不当逮捕は何があっても許してはならない（主張）。不当逮捕は、テロリストを炙り出すという大義名分の元で行われる、人権を無視した行為だからである（理由）。

②二宮尊徳は、経済的にも道徳的にも破綻し、危機に瀕していた桜町領の復興を言い渡され、これを10年がかりで成功させたのである。

二宮尊徳は桜町領の復興を言い渡された（主旨）。桜町領は当時危機に瀕していた（詳細）。経済的にも道徳的にも破綻していたのである（詳細の詳細）。尊徳は復興を成功させた（詳細）。10年がかりで成功させたのである（詳細の詳細）。または、

二宮尊徳は桜町領の復興を成功させた（結果）。桜町領は経済的にも道徳的にも破綻し、危機に瀕していたため、復興を言い渡されたのである（原因）。復興は10年がかりであった（過程）。

③東アジアの金融危機の結果明らかになったのは、どこの国でも各国政府がドル・ペッグ制を守ろうとした挙句外貨準備を使い果たし、そこでIMFが為替のフロート制への移行、金利の引き下げ、不良債権の整理や金融機関の整理を含む構造調整策を融資と抱き合わせにして勧告するという図式である。

東アジアの金融危機の結果明らかになった図式がある。各国に共通して見られたIMF対応策の図式である。（ここまでが主旨、抽象的。）どこの国でも、まず政府が外貨準備を使い果たした。ドル・ペッグ制を守ろうとし

た挙句に使い果たしている。IMFは構造調整策を融資と抱き合わせにして勧告している。構造調整策とは、為替のフロート制への移行、金利の引き下げ、不良債権の整理や金融機関の整理などである。(ここまでが詳細、具体的。)

■練習問題

　巷には「一文多義」の文がたくさん見られます。「ねじれた文」もよく目にします。巷で見られた次の文章を「一文一義」に書き直しましょう。

①ルイボスティーは、現地では「赤いやぶ」と言われ、学名を「アスパラサス・リネアリス」と言い、地下8〜10メートル深く根をはり、地中のミネラルをたっぷり吸収した生命力あふれる希少な植物です。(商品ちらし)

②本来、月はじめに集める部費ですが、明日は、試験も終わることですし、ご連絡が遅くなってしまい申し訳ありませんが、今月の部費を集めさせていただきます。(電子メール)

③東京本社では営業にノルマと業績に応じた報酬を提供しているが、業績評価が営業の意欲を高めているのかどうかを考えてみたい。(社内報)

④さらに、1977年に木星と土星の探査機としてボイジャーが米航空宇宙局から打ち上げられた時にも、未知の宇宙文明と遭遇する場合に備えて地球からのいろいろな情報とともに、一時間半にわたって多くの音楽がLP化されて搭載されたが、その中心に選ばれたのもバッハの《ブランデンブルク協奏曲第二番》第一楽章であった。(新聞記事)

⑤近年、「国際交流」の教育が重視され、各学校のそれぞれの教室で実践が広がりを見せ始めているとき、本書の研究内容が、学習指導の場に少しでも浸透して、一層普及に役立つことができればという思いが、刊行のきっ

かけであった。（本「監修のことば」）

⑥わが社といたしましては、社の成果として出版する予定ですので、研究部出版委員会での審議とあわせてご協力いただいた社内外の委員に再度お目通しをいただき、加筆訂正等の箇所があれば、10月5日（金）までに庶務課広報係までお知らせいただければ幸いです。（社内文書）

3. 文と文との関係

「一文一義」で書こうとすると、文と文との関係に意識が向くようになります。文と文との関係を自覚するために、接続表現を意識して使う練習は有効でしょう。「一文一義」で積み重ねて書いてある文章はもうそれだけでわかりやすいものです。それぞれの文がしっかりとできていれば、「しかし」や「けれども」などの逆接表現以外は接続表現が必要ないといえるかもしれません。しかし、「一文一義」の極意に達するまで、接続表現を徹底的に訓練することはよいステップとなるでしょう。

野矢（2001、p.15）は、「論理トレーニングの観点から重要になる接続関係」として次の7種類を挙げています。「付加」、「理由」、「例示」、「転換」、「解説」、「帰結」、「補足」です。これらの接続関係を意識して、文と文とのつながりを点検することができます。

■練習問題

野矢が挙げている7種類の接続関係には、以下のものがあります。それぞれどのような接続表現があるでしょうか。挙げましょう。

①付加
②理由
③例示

④転換
⑤解説
⑥帰結
⑦補足

◉あなたが過去に書いた文章を一編選び、「一文一義」に書き直しましょう。
またその際に、文と文の関係を意識し、接続表現を挿入してみましょう。
適切な接続表現が思い浮かばないときは、思考そのものがはっきりしてい
ない場合が多いものです。そのようなときには文の内容や順序も修正しま
しょう。

◉友人と文章を交換し、お互いに「一文一義」になるように文章を修正しま
しょう。接続表現の使用も確認し合いましょう。

◉「一文多義」の傾向が見られる文章を探しましょう。新聞記事、本、雑誌、
広告などから探しましょう。そしてどのように直せばわかりやすくなるか
を考えましょう。

チェックリスト
☐　一文で一つの事柄が述べられている。
☐　文と文がどのような関係にあるかを自覚している。
☐　接続表現が適切に使われている。

●参考文献
宇佐美寛（1989）『論理的思考』（メヂカルフレンド社）
野矢茂樹（2001）『論理トレーニング101題』（産業図書）

03

語句を明確に使う

　論文の構成で困っているので一度指導教官に相談に行こうと思っていました。するとちょうど廊下で先生にお会いしました。「先生、論文の構成についてご指導をお願いしたいのですが、今週中に研究室に伺ってもよろしいでしょうか。」すると先生が答えました。「どうぞ。明日の午後来て下さい。」では明日、何時に研究室に行ったらよいでしょうか。

1. 語句の意味範囲を特定する

　「わかり易い」文章を書く上で重要な点は、語句の意味範囲を自覚的に決めることです。書き手が厳密に意味を「特定」することによって、読み手の解釈を書き手の意図に近づけることができます。下の図で、網掛け部分が広いほど、誤解が起きる可能性は低いといえるでしょう。

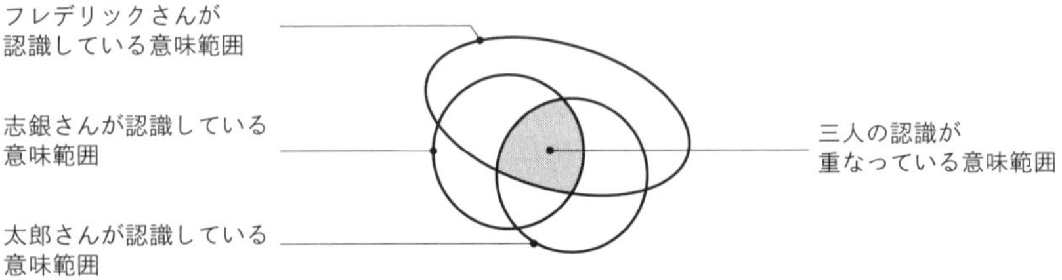

フレデリックさんが
認識している意味範囲

志銀さんが認識している
意味範囲

太郎さんが認識している
意味範囲

三人の認識が
重なっている意味範囲

図1　語句の意味範囲は人によって異なる

ここで、語句の意味範囲が自覚的に特定されていない文や文章を検討します。練習問題で、書き手の意図した意味範囲ができる限り特定されるように下線部を書き直しましょう。下線がつけられていない問いでは、どこに問題があるかを見極めた上で書き直しましょう。

1.1. 意味が重複する言葉を一文中で使わないようにする

「頭痛が痛い。」、「馬から落馬する。」に代表される、一文中の言葉の重複を避ける練習です。

■練習問題

①今後、解決方法としてどのようにすればよいかを述べることにする。
②しかし、1990年9月に起きた株価の大幅な下落があった。
③人は自らが考案した道具をもてあましているように見える。ITの潜在能力は計り知れない。それをいかに効果的に社会に役立てるかは、使いこなす人間自身にかかっている。

1.2. 指示代名詞「この」、「その」、「これ」、「それ」をできるだけ避ける

指示代名詞をできるだけ使わないように心がけましょう。学術的な文章では、少々くどくなったとしても同じ概念を何回繰り返して使っても構いません。書き手の意図とは異なる読み方がなされる可能性を避けることの方がはるかに重要だと考えましょう。

■練習問題

④日本の不良債権問題は様々なところで議論がされているが、どれも決定的ではない。それは、バブル崩壊だけではない。
⑤企業による不正を未然に防ぐためにはどうすれば良いのだろうか。企業組

織や個人の倫理観そのものを根本的に見直し、向上させることはできるのであろうか。この問題点の要因を分析し、解決策を検討していくとする。

1.3. 不要な言葉を使わない

「について」、「に関して」、「として」などは不要な場合が多いものです。使う必然性があるかどうかをよく吟味して使いましょう。

「○○は」と「○○について」はどう異なるかを考えてみましょう。「隣の席に座っている人の服装を述べて下さい。」と言われたら、例えば「隣の人の服装はグレーのTシャツとジーンスです。」などと述べるでしょう。「隣の人の服装について述べて下さい。」と言われたら、「隣の人の服装は地味ですが似合っています。」などと述べるでしょう。「○○は」はそのもの、「○○について」は、感想、解釈、評価です。「について」がつくと別のレベルの内容になることを心にとどめましょう。

■練習問題

⑥学力調査データについては、最新のものを用いる必要がある。
⑦題「ストリート・チルドレンの現状と解決策に関する一考察」
⑧この原因は一体何なのであろうか。原因として三つの点を挙げる。
　第一の点は、〜である。（中略）
　第二の点は、〜である。（中略）
　第三の点は、〜である。（中略）
　以上、原因について三つの点を挙げて説明した。

1.4. 助詞の「の」を置き換える

日本語文章で多く使われる助詞は「の」です。しかし「の」はほとんどの場合、別の言葉に置き換えることができます。例えば「太郎君の本」は、「太

郎君が書いた本」、「太郎君が持っている本」、「太郎君が載っている本」、「太郎君が編集した本」などと意味を特定する言葉に書き換えることができます。

■練習問題

⑨粗雑な管理体制の打破のための一対策。
⑩確かに、バブル崩壊は根底の危機の一面があった。

1.5.　不用意に概念を変えない

　よく読むと、一貫して使われるべき概念が途中で別のものに変えられているということはありませんか。特にページの変わり目では気をつけましょう。

■練習問題

⑪日本の作文教育には、以下の三つの問題がある。一つ目には〜。二つ目には〜。三つ目には〜。以上三つの理由から学校教育においては…。

1.6.　並列の関係でない概念を「や」で結ばないようにする

　「○○や○○」という言い方をする場合、「や」で結んだ二つの概念が並列の関係であるかどうかを吟味しましょう。

■練習問題

⑫社会を見ていると、矛盾が多いことに気づく。選挙や政治の分野では殊更に感じる。
⑬それぞれの過程で、人間は自らがコントロールできない廃物や汚染を作り出し、自然に還元する。

1.7. 抽象的な概念を用いてかえってわかりにくくしない

「〜化」、「〜的」、「〜観」、「〜性」をやたらと使わないようにしましょう。

■練習問題

⑭仕事の能率性を促進化させるために、根本を見直す改良観が必要である。

1.8. 固有名詞や実数を置き換えず、そのまま繰り返して使う

「彼、彼女」は学術的な文章にはあまりなじまない言葉だと考えてよいでしょう。繰り返しになってしまうと思わず、何回でも固有名詞を示しましょう。また、「近年」、「古くは」、「多数」、「ほとんど」などは、年や数を特定する方が科学的です。「前者、後者」は、指し示している内容が読者にすぐにわかる場合を除いては避けるようにしましょう。多少文章が長くなっても、繰り返した方が明確です。

■練習問題

⑮プッチーニの歌劇『蝶々夫人』は、心理的な描写に重きを置いて、フレーニやカレーラスなどの歌い手によって上演されているが、彼女の奥行きのある歌声は見事である。

⑯近年、アメリカの物理学者が捏造事件を起したことは遺憾である。

アクティビティ

◉自分が過去に書いた文章を一編選び、語句が明確であるかどうかの点検をしましょう。あるいは、友人と文章を交換して、互いに点検しましょう。

①指示代名詞をすべて置き換えてみましょう。同じ言葉が繰り返し使われてもよいとし、指示代名詞が何を指しているのかをよく考えて置き換えてみましょう。

②助詞の「の」を他の言葉に置き換えてみましょう。

③不要な「として」「について」「化」「的」「観」「性」があったらとりましょう。

●自分の書いた文章または他の人が書いた文章で、中心となる概念がどのように使われているかを点検しましょう。まず題や文章の主旨から判断して中心となる概念（キーワード）を一つか二つ選びます。これらの概念を文章の中で探して四角で囲みましょう。次に、その概念が別の言葉で置き換えられている表現はありますか。それらの言葉も別の色で囲みましょう。四角で囲んだ中心概念とその置き換え表現を、文章全体を通して見てみましょう。これらの言葉は一貫して書き手の主張を的確に伝えていますか。意味の範囲を途中でずらしていたり、別の意味に受け取られる可能性のある表現に変わったりしていないかを確認しましょう。もしあったら、元の中心概念の言葉に書き直しましょう。

チェックリスト

☐ 指示代名詞が、必要な場合を除き、使われていない。

☐ 「彼」「彼女」「前者」「後者」「近年」「古くは」がない。

☐ 「について」「として」「に関する」はどうしても必要である。

☐ 「化」「的」「観」「性」が具体的な言葉で書かれている。

☐ 助詞の「の」ができる限り置き換えられている。

☐ 概念が途中ですりかわっていない。

☐ 重複している表現がない。

04

「マップ」を作って書く

①あなたはレポートなどの文章を書くときに、どのような手順を踏んでいますか。

②実際に文章を書く前にしなくてはならないことを挙げてみて下さい。

③「ブレーン・ストーミング」という言葉を聞いたことがありますか。あるとしたら、ブレーン・ストーミングにはどのような手法があるでしょう。

　この章では、ライティング・プロセスの第一歩を学びます。文章を書く際にはまず構想を立てることが有効です。突然パソコンに向かって書き出して、きちんと筋の通った文章が書ける人はそうそういないでしょう。ましてや、卒業論文や修士論文のような大きな論文では、きちんと段階を踏んで文章を書くことが求められます。

　文章を書くにあたって多くの人が直面する問題は、「そもそも書きたいことが浮かばない」ということでしょう。このような場合は、書こうとしている内容に関する基礎知識が少ないので書きたいことが浮かばないのかもしれません。その場合には、本を何冊か読んで情報収集してみることから始めるとよいでしょう。あるいは、「書きたいことはだいたいわかっているのだが、切り口をどう設定したらよいかわからない」という問題に直面しているかもしれません。この場合は、頭の中にあるいろいろなことがお互いにどのように関連づけられるのかを整理する必要がありますね。

こうした、「書きたいことが浮かばない」や「書きたいことの切り口がわからない」ときには、書く内容を発掘したり整理したりする作業を行うことが有効です。コンピュータや紙に向かう前の段階で丁寧な準備をすることによって、無駄のない文章作成ができると同時に、質の高い文章ができるといわれています。

1. 「マップ」を作って構想を練る

　構想を練るためにアイディアを出していく手法を総称して「ブレーン・ストーミング（Brain Storming）をする」と言います。「Storm」は英語で「嵐」を意味する言葉ですね。「脳に嵐を吹かせる」ように書く内容を発掘しようというわけです。企業で共同作業をするときなどには、グループですることが多いでしょうが、一人でもできます。

　「ストーム」という言葉のイメージからもつかめるように、ここで重要なことは、無秩序で突飛な思いつきを大事にするということです。一人で頭の中をかきまわすイメージです。書こうとしている文章ができあがった時の姿などは気にせず、まずは脳裏をかすめる事柄をすべて出してみるという作業をするのです。

　「マップ（Map)」は、「ブレーン・ストーミング」のプロセスの一部です。概念を連鎖的に思い起こし、それを文字通り地図のように紙に書き表します。手順は以下のとおりです。

①まず紙の中心に〇を書き、その中に書こうとしている中心的な内容を単語（キーワード）で書き入れます。
②次にその〇から線を引きながら次々と連想される言葉を書き出していきます。
③キーワード同士の関連を線で表します。一つの〇から何本もの線が引かれる場合もあるでしょうし、一直線にどんどん伸びる場合もあるでしょう。また、先の方に書かれた〇から元の〇に線がつながることもあるでしょう。

この作業を5分から6分で行います。じっくり考える必要はありません。じっくり考えると発想が堅くなってしまいます。無秩序で突飛な思いつきをどんどん書いていきましょう。

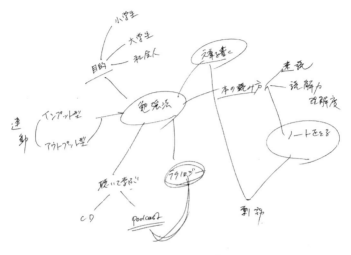

図2　紙で行った「マップ」の例

　また現在は、オンラインやコンピュータ上で一人でブレーン・ストーミングをするためのソフトやアプリも充実しています。無料のもの、安価なものや、フリーミアムのサブスクリプションモデルなど、選択肢も多くあります。機能も充実しており、ブレーン・ストーミングからアウトラインの作成やスライドの作成まで連動させているものもあります。興味があるようでしたら試してみると良いでしょう。

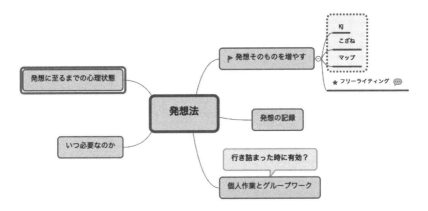

図3　オープンソースのソフトウェア Xmind（無料版）を使用した「マップ」の例

◉現在書こうとしているレポートや論文の内容についてマップを作成してみ
　ましょう。5、6分で書き上げるようにしましょう。

2.　「マップ」をもとに他者と交流する

　マップが書けたら、マップに書き表した内容を他の人に聞いてもらいます。
二人組みになって、マップを見せながら相手に口頭で説明します。説明を受
けた方は、同意したり、自分の気づいたことを言ったり、質問をしたりし
ます。書き手はこのやり取りを通していろいろなことに気づかされます。一
体自分が何に興味を持っているのか、何をどのように調べたいのか再確認す
ることができます。また、どの点が不明瞭なのか、落としている大切な要素
はないかなどにも気づかされます。線が増えたり別の言葉と結びついたりす
るかもしれません。書き手は、対話をしながら「マップ」に修正を加えてい
きます。
　ここでのやり取りの目的は、対話を通して、書き手が自分一人では気づけ
なかったことを気づいていくことです。聞き手は、相手が話すことによって

考えがより明瞭になるような対話を心がけます。例えば、「こことここは線でつながっているけれど、どうして？」や「そもそも『異文化交流』って何だと思っている？」などと質問をすることによって、書き手は考えを深めることができますね。

アクティビティ

◉二人組みになって「マップ」を見せながら説明をしましょう。一人7分から8分くらいの時間で行います。

3. 「マップ」を使って論文の中心と範囲を決める

　さて、他者との交流を通していろいろな点に気づかされたことでしょう。今度は一人の作業に戻ります。この論文で扱いたい内容の中心と範囲を決めます。

　「マップ」の作成は最初に書いた〇のキーワードから出発しましたが、果たしてその概念は論文の中心とする概念としてふさわしいものでしたか。話し合っているうちに、それでは広すぎたと気づいた方があるのではないでしょうか。案外、隅の方に書かれた、派生的だと思っていた概念を中心とした方がよいと判断されることもあります。また、「マップ」には思いついたことが全て書いてあるのでこれをすべて論文で扱うわけには行きません。与えられた期間や費用で仕上げるために扱える範囲はどこまでか、資料の入手を考えた場合にはどこまでを扱うのがよいのか、などを考えて範囲を定めます。

アクティビティ

◉マップを作って卒業論文か修士論文の構想を立て、序文を書きましょう。
　■マップをつくる
　①まず、中心とするキーワードから始めてマップを作ります。
　②次に、そのマップを他の人に見せながら説明します。
　③やり取りから気づいたことをもとにマップを修正します。

④修正されたマップを見て、論文の中心と範囲を決めます。

■序文の一部を書く

　ここでは、A4一枚程度に、序文の一部を書くことを想定しましょう。
次の2点に留意して、マップを見ながら序文の一部を書きましょう。

①論文の中心テーマを明確に読者に伝えます。

②どのような内容をこの論文で扱うかを整理しながら伝えます。

チェックリスト

☐ ブレーン・ストーミングをしている間、止まって考えることをしなかった。

☐ 全ての思い付きを紙の上に書き留めることができた。

☐ 他者に見せて気づきを得た。

☐ 論文の中心と範囲を決めることができた。

05

「パラグラフ」を作る

　次は駅から研究室への行き方を説明する文章です。下の二つの説明文を読み比べてください。何が言いたいのかわかりやすいのはどちらでしょうか。そして、わかりやすい理由はなぜでしょうか。

A

地下鉄早稲田駅を降りて高田馬場方面に向かいます。歩いている途中に交差点があります。大学の講義の合間には非常に込み合う交差点です。右に曲がると昔ながらの洋食屋さんがたくさんあります。昔、私は大学に入りたてのころ、講義の間にレストランに行ったら迷子になってしまったことがありました。とにかくお寺を右に見ながらまっすぐ歩きます。右手に美容院や銭湯があるはずです。いまどき銭湯なんてめずらしいですよね。環境のことを考えると、ひょっとすると公共のお風呂もエネルギー削減になるのかもしれないなんて思います。もう少し歩くと三叉路があるので、右に曲がってください。研究室のあるビルがあります。歩いて15分ぐらいだと思います。

B

地下鉄早稲田駅から、私の研究室までは、歩いて15分ほどの、ほとんど一本道です。早稲田駅を降りて、高田馬場方面に向かいます。交差点はまっすぐ渡ってください。右手にお寺が見えるはずです。そのまま道なりに歩いていくと右手には美容院や、銭湯があるはずです。車道の三叉路を右に曲がると、研究室のあるビルがあります。

さっと一読しただけでは、おそらくＢの文章のほうが、すんなりと頭に入るはずです。Ａの文章はまとまりがなくいろいろな情報が入ってしまっています。雑談をしているときには面白いかもしれませんが、何が一番重要な情報なのかわかりません。それに対してＢの文章は何が言いたいのか最初の一文でわかるはずです。Ｂの文章はパラグラフになっているからです。

1.　「段落」と「パラグラフ」

　日本語の「段落」と、英語の「パラグラフ」の大きな違いは、「パラグラフ」には構造がしっかりなくてはならないということです。日本語の段落が、文章を書くときの息つぎに似たようなものであるとすれば、パラグラフは、一つの中心文（トピック・センテンス）をサポートする文（情報）の塊です。

　パラグラフを書く上では構成が大切になります。一つのパラグラフで一つの情報だけを扱います。パラグラフの頭に、そのパラグラフの目的が明らかになるような中心文を書いた後、その他の情報を入れて一つの情報の塊を作ります。パラグラフ内の情報はもうわかっていること（既出情報）から、読者が知らないであろう情報（新出情報）の順番に並べます。序論部分や、結論部分では、中心文が最後に来ることもありますが、基本形はこの形です。

■練習問題

　下の文章をパラグラフにするためにはどの順番で並べると良いでしょうか。また、どの文ははずすべきでしょうか。

①綿帽子に白無垢姿のかもし出すイメージには独特の懐かしさが付きまとう。

②西欧諸国に見られることを意識した結婚式の作法をそこで作り出す必要があった。

③だから神道式には実は、キリスト教の影響が色濃く見られる。

④皇太子の結婚式には西欧諸国からの来賓が招待された。

⑤神道式の起源は1900年（明治33年）当時皇太子だった後の大正天皇が、現在の神道式に非常に近い形で挙式したのが初めてだといわれている。

⑥今時は、白無垢で結婚式を挙げる女性はほとんどいないという。

⑦日本には「神の前で誓う」という発想そのものが希薄だったのである。

（※ウェブサイト には、二文多い練習問題が入っています。）

アクティビティ

◉一つのテーマで思いつく文を10分間でできる限り書いてみてください。集めた文章のどれが、一つのパラグラフになるでしょうか。また、どの順番に並べればよいでしょうか。

2.　パラグラフと論文全体の関係

　パラグラフの中心文が思いつかないときには、論文全体の主張（規定文）を確認してみましょう。パラグラフの中の情報は規定文とどのような関係にありますか。（※「規定文」については次章で詳しく扱います。）

　例えば、着物の柄について下のようなメモを書いたとします。

> 　　　銘仙は普段着だった。絹の平織り。派手な模様で女学生に愛された。当時の一流の前衛芸術家たちが帯や着物のデザインをしていた。絹紡（絹のくず糸と生糸が混ざっていた）。現在、見直されている。今の着物のほうが全体的に普段着は地味。晴れ着は別。

　ここには、色々なアイディアが入っていますね。けれど、このままではパラグラフにはなりません。主張（規定文）との関係を考えて中心文をつける必要があります。また、どの情報をパラグラフに入れたいのかよく考える必要もありますね。

　もしも一番したい主張（規定文）が「明治から大正期の婦人着物の柄は現在よりもずっと大胆なものだった」であるとすれば、このメモから「大胆な

普段着の例」についてのパラグラフを作ることができそうです。中心文にそれぞれ下波線を引きました。

大胆な模様の普段着の例として銘仙の着物を挙げることができる。銘仙は、絹のくず糸と生糸を混ぜた糸で織られた絹の着物である。比較的安価なため、女学生の普段着として愛された。

しかし、「現代着物を最もよく着る層は、明治時代とは異なる」という規定文にそってパラグラフを作るのであれば、上のメモの使い方は違ってくることでしょう。

着物離れが進んだと言われる。しかし、全ての世代において均等に着物を着る機会が減少したのではない。「普段着」としての着物に関して言えば、若い世代が圧倒的に着物を着ていない。それは、現在市場に出回っている普段着用の着物が、明治、大正時代のものよりも地味なことからもわかる。当時の女学生の普段着だった銘仙にくらべ、現在売られている普段着用の着物には大胆な色柄が少ない。

規定文と中心文の関係は脊椎動物の背骨と、脇骨のような関係だと考えてみると良いかもしれません。すべての脇骨（中心文）は背骨（規定文）につながっているのです。

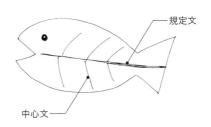

規定文

中心文

チェックリスト

☐ パラグラフには中心文がある。

☐ 中心文は原則としてパラグラフの冒頭にある。
（最初のパラグラフ、あるいは最後のパラグラフは除く。）

☐ パラグラフの中で語られている事柄は一つだけである。

☐ 中心文と論文全体の主張（規定文）の間には明確な関係がある。

06

主張を根拠で支える

導入

　あなたが今までに課題で書いた文章を読んでみてください。それぞれ、主張はどこにありますか。主張の場所が違うと、読み手に与える印象は一体どのように違うでしょうか。

1.　主張を述べる

　学術論文では主張を凝縮した一文は「規定文」とも呼ばれ、論文の内容を規定する、最も大切な背骨となります。「この論文では何が言いたいのですか」と尋ねられて、一文で答えられないようでしたら、論文そのものに何か問題があるのかもしれません。

　学術論文では主張をまず最初に書きます。主張は主張だとわかるように示さないと読者には伝わりにくいものです。まず、主張を述べ、その後に論証していきます。

　学術論文で主張を最初に書くメリットは、大きく分けて二つです。

　まず、第一に、読者に主張が伝わりやすいことを挙げましょう。主張を最初に持ってくると、読者は最初から、筆者の立場や、一番言いたいことに関連付けながら他の部分を読むことができます。

　また、書き手自身の思考が整理されます。文章の頭に主張を持ってくることによって、自分の主張がはっきりしないまま、だらだらと文を書くことが

できなくなります。これはパラグラフの書き方に非常に似ていますね。

　特に短い論文などで、最初から主張を全て示すことが適切でない場合もあります。そのような場合は主張を［内容］と、［役割］に分け、少なくとも役割を最初に述べます。

　［内容］は言いたいことそのものです。例えば、「〇〇大学図書館は返却遅延者に罰金を課すべきだ」のような主張が考えられます。

　それに対して［役割］は、この論文の目的そのものです。「〇〇大学図書館運営の改善策を提案する」のようなものが考えられますね。どうしても主張を最初に持ってくることが難しいときには、このように目標地点を明らかにすることによって、読者を導きます。

2.　良い規定文・悪い規定文

　では、どのような規定文（主張）が良い規定文で、どのような規定文が悪い規定文なのでしょうか。

　悪い規定文の特徴としては以下の3点をあげましょう。論証の手段のない規定文、外的条件により論文完成が困難な規定文、そして、「誰も反論しない」規定文です。以下、もう少し詳しく見ていきましょう。

2.1.　論証の手段のない規定文

　まず、本当かもしれないけれど論証の手段がない主張は不適切です。論証のできない理由は大きく分けて3種類あります。
①基礎となる概念が定義できない。
　「日本人は農耕民族だから協調心に富んでいる」のように、基礎となる概念（この場合は「農耕民族」）が非常に難しい場合。
②測定が不可能である。
　「夫への愛情が深い妻ほど品数の多い夕食を用意する」のように、測定ができない場合。

③擬似相関関係にある。

「母乳で育った子供は犯罪を犯す確率が低い」のように他に真の原因があり得る場合。

　このうち、一番の「定義の難しい規定文」について詳しく見てみましょう。例えば「日本人は農耕民族だから協調心に富んでいる」と、主張したいとします。この主張には実は論証の手段がありません。まず、民族という言葉自体が現在では学術的に定義の難しい語だとされています。したがって、日本人が本当に「農耕民族」なのか、一体どのような民族が「農耕民族」なのかを定義することも非常に難しいと言えます。

　もう少し詳しく考えてみましょう。100年の間、日本国籍を持つ人全員が畑で働いていたら日本人を「農耕民族」と呼ぶことができるでしょうか。社会の全員が同じ職業につく、ということはほぼ不可能でしょうから割合で示す必要があるかもしれません。80％の人が農業に従事していたら「農耕民族」である、などのように、はっきりと区切る必要がありますね。80％の人がサラリーマンだったら「サラリーマン民族」という民族に変わると考えることができるでしょうか。どうやら「農耕民族」という言葉の使い方はそれほど簡単ではなさそうです。そもそも「農耕民族」が定義できなければ、農耕民族だとなぜ「協調心に富む」のかも、論証が非常に難しいことでしょう。こうした主張は、学術論文の規定文には向いていません。

2.2.　何らかの条件により論文完成が困難な規定文

　論文では、主張を根拠で支えなければなりませんから、何らかの事情で主張のサポートができない規定文もふさわしくありません。

　例えば根拠となる資料が、アルゼンチンにしかなければ、アルゼンチンにいけない限り、その規定文で論文を書くことは不可能です。論文を書くのには時間もかかります。時間内で根拠が探しきれそうにない規定文もむいていません。

　これから書く予定の文章の長さで論証しきれない主張も、できません。例

えば、「19世紀に西洋諸国における人々の視覚に対する感覚が変わった」と主張したいのであれば、かなり広範囲にわたる綿密な検証が必要でしょう。少なくとも数ヶ月の調査でとり扱える主張ではありません。

2.3. 「誰も反論しない」規定文

誰も反論しないだろう主張も、あまり良い規定文にはなりません。そもそも論文は読者の認識や知識を少しでも変えるために書くものですから、100人読んだら100人全員が「そうそう、そのとおり」と最初から頷くような論文を書く必要はないのです。

既に他の人に発表されてしまっている研究と全く同じ規定文も、同様の理由で、あなたの書く論文の規定文にはなりません。

3. 根拠を述べる

主張は根拠で支える必要があります。主張と根拠の組み合わせは日常生活でよく見かけます。下の例を見てみましょう。

下の会話のうち「何かおかしい」と思うのはどれですか。それはなぜですか。
(1) A「今日はお風呂に入らないほうがいいわよ」
　　B「どうして」
　　A「だって、あなた風邪ひいているじゃない」
(2) A「明日は雨が降るよ」
　　B「どうして」
　　A「さっき猫が耳の裏をこすっていたから」
(3) A「あ、そのベンチ、座らないほうがいいよ」
　　B「え、なんで」
　　A「さっきペンキを塗り終えたばかりだから」

上にあげた三つの会話はすべて同じ構造を持っています。Aさんが主張をし、Bさんがその根拠を問い、それにAさんが答える、という形です。けれど、Aさんの主張にどの程度説得力があるかには違いがあるはずです。それは、主張と根拠の関係を学ぶとよくわかります。

3.1. 〈論拠〉主張と根拠をつなぐ糸

主張と根拠は、じつは見えない糸で結ばれています。トゥールミンはこの〈見えない糸〉、つまりかくされた前提を〈論拠〉と名付けました（福澤 2002, p.113）。

例えば（3）の例を分解してみましょう。

| そのベンチに座らないほうが良い | …主張 |

▼
▼
▼

| ①塗りたてのペンキはくっつくものだ
②服は汚したくない | …論拠（法則性） |

| ペンキを塗り終えたばかりだから | …根拠 |

根拠の説得力は、論拠にどれだけ妥当性があるかに大きく依拠します。このように分解してみると、なぜ（2）がおかしいのかわかりますね。

| 明日は雨が降るだろう | …主張 |

▼
▼
▼

| ①猫には明日の天気がわかる
②猫が耳の裏をこすると雨が降る | …論拠（法則性） |

| 猫が耳の裏をこすっていたから | …根拠 |

民話ならいざしらず、これはさすがに成り立ちませんね。

3.2. 論拠の妥当性をチェックする

　論拠の妥当性をチェックしていく上で気をつけなければならないのは、実は論拠はしばしば文化や時代によって成立したりしなかったりするということです。例えば、(1)の会話は、「風邪を引いているときにお風呂に入ると悪化するものだ」という論拠に基づいています。これは、日本人には広く受け入れられている考えです。しかし、ヨーロッパの人がこれを聞いても必ずしも納得するとは限りません。

　実は「風邪を引いているときにお風呂に入ると悪化する」という考え方に医学的根拠はないのだそうです。日本でよくそういわれるのには、木造で隙間風の多い古い日本建築の影響があるのではないかといわれています。また、昔の日本では内湯は一般的ではなく、銭湯に行くのが普通の家庭も多く、入浴すると風邪をこじらせるケースも多かったのでしょう。

　日本と全く違った住宅事情を持つヨーロッパでは「風邪を引いたときは入浴は控えるべき」とは考えません。(1)のような会話は日本人には「論理的」に聞こえるかもしれませんが、ヨーロッパの人には非論理的に聞こえるということです。これは、文化的な制約によって論拠が妥当性を失ってしまう例です。

■練習問題

　以下の文章の主張と根拠の関係にはどのような問題がありますか。

①最近は基本的な礼儀がなっていない子供が増えているようだ。朝、道を歩いていて近所の子供に「おはようございます」と挨拶されることがめっきり減った。

②基本的な生活習慣のなっていない小学生が多いのだそうだ。きっと塾通いばかりしているせいだろう。

③少子化は現在、日本が対面している最も大きな問題の一つです。この大問題の解決に向けて、我が県では大お見合いパーティを開催することにしました。これで解決への一歩を踏み出せたはずです。

④大学生の学力低下は年々深刻化の一途をたどっている。アンケートによると、なんと6割を超える大学教員が、自分の学生時代と比べ、現在の学生の学力は低いと思う、と答えたそうだ。

⑤日本の子供の学力低下を食い止めるため、学校は週5日制を即座にやめるべきである。学力低下が始まったのは週5日制が導入されてからなのだから。

⑥彼女はあまりしつけに厳しい家の出ではなさそうだ。食事をするとき食器に手が添えられていなかったから。

⑦暴力や殺人が当たり前のように出てくるコンピュータ・ゲームが多く売られている。子供たちの未来が心配である。

チェックリスト

☐ 自分の書いた文章の主張（規定文）は文章上部にある。

☐ 規定文は証明あるいは説得が可能である。

☐ 規定文は論じるに値するものである。

☐ 規定文は与えられた時間と文章量で論じきれるものである。

☐ 規定文は根拠で支えられている。

☐ 根拠は妥当なものである。

●参考文献
福澤一吉（2002）『議論のレッスン』（日本放送出版協会）

07

論点を整理する

　論文の序に研究の目的を書こうとしています。研究の目的を箇条書き
にしようと思います。思いつくままに目的を四つ列挙してみました。し
かし、どうも納得がいきません。もう少し整理できそうな気がします。
修正をするには、どこをどのように直せばよいでしょうか。

　研究目的は以下の①から④である。
①家庭での子育てに対する、年代ごとの意識の差を明らかにする。
②子育ての役割分担意識は、年代別に、どのような差があるか。
③子育ての役割分担意識は、性別により、どのように現れるか。
④男性、女性、それぞれが家庭での子育てに対して持っている意識の現
　状を明らかにする。

1. 「同質」の論点を「並列」させる

　上の例で論点の整理の仕方を検討しました。上の例で学んだように、論点
を挙げるときには、論点同士が「同質」であることが大切です。例えば「分
析対象」と「分析観点」は質の異なる論点です。また、論点同士が「並列」
の関係にあることも大切です。上の「分析観点」で、もし次のように書いた
としたら、三つの点は「同質」であっても「並列」とは言えません。

①年代別に分析する。

②男性はどうか。

③女性はどうか。

　次のように書けば「並列」させたことになりますね。

①年代別に分析する。

②性別に分析する。

2.　論点を数え上げる方法

　論点の整理ができたところで、今度は、論点を数え上げる書き方について学びましょう。

①これから〈何を論じるのか〉を予告し、

②〈いくつ論点を挙げるのか〉を明示した上で、

③〈一つ一つの論点〉を記述すると

　読者にとってわかり易い文章になります。その際に「次は」、「以下は」という表現は有効です。

■練習問題

　下の三つの例文では、それぞれ論点が数え上げられています。次の事柄を読み取りましょう。

①〈何を論じるのか〉はどこに書いてありますか。

②〈いくつの論点を挙げる〉と明示されていますか。

③〈一つ一つの論点〉はどのような形で書かれていますか。

　例文 1

　　留学生である筆者にとって、日本のお中元、お歳暮は、賛嘆に値する習慣である。以下に二つの理由を述べる。第一に、目上の人に対して日

頃の感謝やご無沙汰のお詫びを、一斉に贈り物によって表現できるのだから、まだまだ「縦社会」である日本には便利な習慣である。第二に、独り暮らしの年寄りに対して季節の贈り物をすることができるので、「高齢化社会」に向かう日本では必要な習慣である。

例文2

第2節　お中元、お歳暮が社会にもたらす利点

　日本のお中元、お歳暮の慣習が日本社会にとってどのような利点をもたらしているかを以下に2点整理してみよう。

　1点目として挙げられるのは「贈り手および貰い手にとって有用である」という点である。贈り手は日頃お世話になっている人に対して、直接出向いて感謝の気持ちを述べるべきところ、物を贈ることで代替できる。貰い手は、訪問によって時間が割かれることがなく、実用的な物を貰うことができる。

　2点目として挙げられるのは「経済を活性化している」という点である。お中元・お歳暮用の商品が作られ、それが生産者から卸売業者、小売業者、貰い手という順で流通する。配達アルバイトなどの期間限定の労働需要も発生させる。

　このようにお中元・お歳暮の慣習は、消費者にとっても業者にとっても有益で、日本社会に利点をもたらしている。

例文3

日本社会におけるお中元、お歳暮の習慣

　お中元、お歳暮の習慣は見直されるべきである。以下二つの側面からその理由を述べる。これら二つの側面から、日本社会の変化を認識し、お中元、お歳暮の習慣が時代に合わなくなっていることを再確認したい。

（1）個人主義の強まり

　現代は個人の趣味や志向が多様化し、贈られる側の趣味や志向を把握することが難しい。カタログギフトが重宝されるのはその表れである。相手の好みの贈り物を選ぶことが困難なことから贈る側は精神的に負担

を感じる。贈られる側にとっても、趣味や志向に合わないものをもらったときには負担になる。

（2）「モノ余り」傾向の強まり

　日本は世界でも有数の豊かな国となりモノがあふれている。モノを揃えることよりも、いかにモノを減らしてすっきりと暮らすかということを特集した書物が流行るくらいである。こうした「モノ余り」の社会の中で、実用品を貰うという喜びは、以前と比べて薄くなっている。

　例文3では、論点の予告の仕方が例文1や例文2とは違う点があることに気づかれたでしょうか。例文3の予告では、論点の内容と数が示されているだけではなく「論点を読む観点」が記されています。「これら二つの側面から、日本社会の変化を認識し、お中元、お歳暮の習慣が時代に合わなくなっていることを再確認したい。」という一文で観点を示しています。お中元、お歳暮が見直されるべき理由を、「日本社会の変化」という背景から「時代と合わなくなっている」ことを特に頭に入れて論点を読んでほしい、と読者に指示をしているのです。読む観点を与えることによって、読者は一定の見方からそれらの論点を読むことになりますね。

3.　論点を数え上げる際の留意点

　ここで、論点を数え上げる際に注意すべき点について考えましょう。

3.1.　文末を書き出しに対応させる

　「第一点目は、」「第二点目は、」という書き出しで論点を記述した場合、文末は「という点である。」となります。「理由を以下に二つ述べる。」という予告で「一つには、」「二つには、」と書き出した場合は、論点は「〜だからである。」という文末になります。このように書き出しと文末の表現を対応させることが必要です。

「1.」「2.」と、数字だけを打って書き出せば書き出しと文末の表現の整合性を気にする必要がなくなります。宇佐美（1998）は、「『第1に、』はその文（中略）の一部分である。文の形をなすためには、『第1に』に続く文の残りの部分に結論を書くという不自由を強いられる。／だから『第1に』ではなくただ1（あるいは、一、Ⅰなど）と書けばいい。」（p.86）と述べています。

3.2.　長い論述で数え上げる場合は、論点の内容を再提示する

　数え上げている論述が数ページにわたる場合は、論点が変わるたびに、何を論じていたかを再提示すると親切ですね。「一つ目は、」「二つ目は、」だけではなく「一つ目の理由は、」「お中元、お歳暮の廃止を主張する二つ目の理由は、」と内容を繰り返すのです。特に、ページが変わった後の論点では再提示が有効でしょう。

3.3.　数え上げた論述がどこで終わるのかを提示する

　最後の論点まで来たとき、予告でいくつの点を論じるのかが示されていれば、読者はこれが最後の論点だとわかります。しかし、最後の論点を述べた後に展開される新しい内容が、別の内容の始め部分なのか、最後の論点の補足なのかはわかりにくいものです。例えば、次の文章の最後の文は、二つの理由についてまとめを書いている文なのでしょうか。それとも第二の理由の補足でしょうか。わかりにくいですね。

　　　留学生である筆者にとって、日本のお中元、お歳暮は、賛嘆に値する習慣である。以下に二つの理由を述べる。第一に、目上の人に対して日頃の感謝やご無沙汰のお詫びを、一斉に贈り物によって表現できるのだから、まだまだ「縦社会」である日本には便利な習慣である。第二に、独り暮らしの年寄りに対して季節の贈り物をすることができるので、「高齢化社会」に向かう日本では必要な習慣である。ある日、知人から心のこもった贈り物が届くというのは誰にとっても嬉しいものである。

この混乱を避けるために、数え上げが終わったときにそうと書くとよいのです。「以上二つの理由を述べた。」、「以上が二つの理由である。」「ここまでで、理由について考えてきた。」などと示します。論述が長い場合は、特にその配慮が大切ですね。

　　　留学生である筆者にとって、日本のお中元、お歳暮は、賛嘆に値する習慣である。以下に二つの理由を述べる。第一に、目上の人に対して日頃の感謝やご無沙汰のお詫びを、一斉に贈り物によって表現できるのだから、まだまだ「縦社会」である日本には便利な習慣である。第二に、独り暮らしの年寄りに対して季節の贈り物をすることができるので、「高齢化社会」に向かう日本では必要な習慣である。以上が二つの理由である。ある日、知人から心のこもった贈り物が届くというのは誰にとっても嬉しいものである。

4.　論点を数え上げることの有効性

　論点が数え上げられていると、読者にとってはどのような効果があるでしょうか。
①実際に論点が示されるよりも前に予告を読むので、示された論点が何のために書かれているかを把握して読むことができる。
②書き手が論点をいくつに整理したかがわかる。
③何番目の論点を読んでいるのかということを認識しながら読み進むことができる。

　道案内の人に、知らない地点に連れていってもらうとします。論点を数え上げる書き方は、道案内の人が地図を見せながら歩いてくれているようなものですね。「あなたは今ここに立っています。これからここへ行きます。さて、もう半分来ましたね。」という調子です。一方、論点の数が予告されてない書き方は、目隠しをして案内の人につかまりながら歩いているようなもので

しょう。どこをどのくらい通ったかよくわからないが、気が付いたら「はい、ここまで来ました！ここが終点かどうかはわかりません。」と言われるようなものですね。論点を数え上げる書き方は、読み手を尊重する書き方だといえます。

アクティビティ

◉ これまでに書いた自分の文章のうちで、複数の論点が提示されているものを一つ選び、「論点を数え上げる」方法で書き直しをしましょう。同質になるように論点を分け、並列させて書きましょう。

　また、段落の使い方に気をつけましょう。それぞれの段落が全体の中でどのような位置づけになっているかを、読み手がわかるように段落を作りましょう。

◉ ビジネス文書やマニュアルなど、簡条書きがなされている文章を一つ選びましょう。そして簡条書きの論点が整理されているかどうかを点検してみましょう。

チェックリスト

☐ 論点が同質である。
☐ 論点が並列されている。
☐ 論点を数え挙げる場面で、これから何が述べられるのかを予告している。
☐ 論点を数え挙げる場面で、いくつの論点が述べられるのか予告している。
☐ 数え挙げて論じている場面で、論がどこで終わるのか読者にわかる。

●参考文献

宇佐美寛（1998）『作文の論理―［わかる文章］の仕組み』（東信堂）

08

抽象度の調節をする

導入

　下に挙げた文章のうちどれに一番説得力がありますか。それはなぜですか。

1. 暑中お見舞い申し上げます。毎日暑いですが、お元気ですか。私は楽しく夏休みをすごしています。
2. 当社が掲げる目標は、「常により効率の良い、環境にやさしいオフィスを作る」ことです。これまでに、五つの要素から検索ができるファイルシステムを構築し、事務作業の効率化を図りました。さらに、ドキュメントスキャナを導入して「紙のない」オフィスを目指しています。
3. 最近の若者達は、電子機器を実にうまく活用する。わからない事柄があると、即座にインターネットで検索する。行き先を電子地図で表示し、自分の居る場所も確認しながら行き方を決める。

　この課では文章の抽象度に注目します。抽象度を意識的に調節することは、文章に説得力を与えるために非常に重要です。

1. 「抽象のハシゴ」

ハヤカワ（Hayakawa, 1985）は、「抽象のハシゴ」として次のような理論を発表しました。

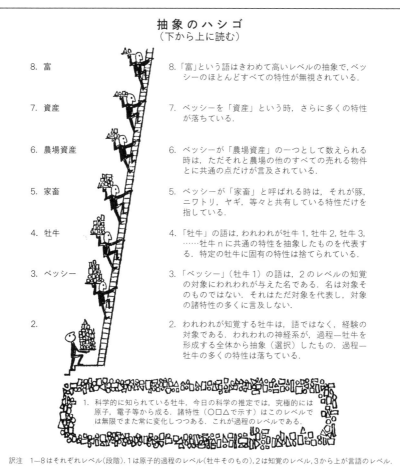

抽象のハシゴ
（下から上に読む）

8. 富 　　　　 8.「富」という語はきわめて高いレベルの抽象で、ベッシーのほとんどすべての特性が無視されている.

7. 資産 　　　 7. ベッシーを「資産」という時、さらに多くの特性が落ちている.

6. 農場資産 　 6. ベッシーが「農場資産」の一つとして数えられる時は、ただそれと農場の他のすべての売れる物件とに共通の点だけが言及されている.

5. 家畜 　　　 5. ベッシーが「家畜」と呼ばれる時は、それが豚、ニワトリ、ヤギ、等々と共有している特性だけを指している.

4. 牡牛 　　　 4.「牡牛」の語は、われわれが牡牛1, 牡牛2, 牡牛3、……牡牛nに共通の特性を抽象したものを代表する. 特定の牡牛に固有の特性は捨てられている.

3. ベッシー 　 3.「ベッシー」（牡牛1）の語は、2のレベルの知覚の対象にわれわれが与えた名である. 名は対象そのものではない. それはただ対象を代表し、対象の諸特性の多くに言及しない.

2. 　　　　　 2. われわれが知覚する牡牛は、語ではなく、経験の対象である. われわれの神経系が、過程—牡牛を形成する全体から抽象（選択）したもの. 過程—牡牛の多くの特性は落ちている.

1. 科学的に知られている牡牛、今日の科学の推定では、究極的には原子、電子等から成る. 諸特性（○□△で示す）はこのレベルでは無限でまた常に変化しつつある. これが過程のレベルである.

訳注　1—8はそれぞれレベル（段階）. 1は原子的過程のレベル（牡牛そのもの）, 2は知覚のレベル, 3から上が言語のレベル.

図4 「抽象のハシゴ」（ハヤカワ 1985, p.173）

小さな○□△で囲まれている下方の四角は、「牝牛ベッシー」の実体を表わしています。ベッシーは世界でただ一つしか存在しない、常に動いている実体です。したがって「無限の特性」を持っています。2は、人がベッシーを知覚によって認識した段階です。五感で知覚していることは多くあり一刻ごとに変わります。したがって特性はたくさんあります。しかし知覚した限りの特性ですから実体における特性よりははるかに少ない数の特性です。

　3から上が言葉の世界です。3ではこの牝牛を「ベッシー」と呼ぶときに何を指しているかを考えます。常に変わらないベッシーの特性を集めた総体が「ベッシー」という呼び名で表わされます。「先ほどはしっぽが右に揺れた」などの一刻ごとに変わる動作のそれぞれは「ベッシー」という呼び名を使うときには無視されます。つまり3の「ベッシー」は2よりも含まれる特性の数が限定されます。同じように、「ベッシー」を「牝牛」、「牛」、「家畜」と抽象度を上げて呼ぶにつれて、「牝牛」固有の特定、「牛」固有の特性はそれぞれ落とされて、残りの特性だけが「抽象」されていきます。だから、はしごを登っている男性のお盆にある特性がだんだん減っていくのです。

　ここで注目したいのは、言葉は抽象度が上がるにつれて指し示す特性の数が減っていくという点です。抽象度の高い言葉の方が多くの特性を指し示しているように思いがちですが、ハヤカワの「抽象のハシゴ」からもよくわかるように、抽象度の高い言葉ほどそのものの持つ固有の特性は落とされています。

　では、抽象度の高い言葉を、私たちはどのように用いるでしょうか。抽象度の高い言葉は、多くの対象に共通する特性だけを抽象させているので、より広く多くの対象について一度に言及する際に用います。ベッシーを飼っている人が「私の資産」と言ったら、「ベッシー」だけでなく、「土地」、「家屋」、「車」、「農具」も同時に指し示すことができます。

　本書の後半、[論文編]で扱う「研究対象」と「研究結果」の関係についても同様のことがいえます。論文における研究対象の取り上げ方の一つ「事例研究」では、「事例」における固有の特性を研究します。世論調査のような「大掛かりな調査」では各対象者の固有の特性は考慮されません。「大掛かりな調査」の結果は「事例研究」の結果に比べて抽象度が高いといえます。

2. 抽象度を調節する「パワー・ライティング」

「パワー・ライティング（Power Writing)」はアメリカで教えられている文章作成法です。「パワー（力）」という言葉に「書く力」、「言葉の力」、「書き手の権力」などをかけているようです。

言葉の抽象度に数字の「1」「2」「3」「4」を当てはめて、文章全体の構成を練ります。「パワー1」が最も抽象度が高く、「パワー2」、「パワー3」の順に抽象度が低くなっていきます。パワーを表す数字は語句ばかりでなく文や段落にも当てはめます。佐渡島はアメリカの中学校で「パワー・ライティング」を使った作文授業を見学し、とてもびっくりしました。先生が黒板に書きながら、「今日は『〇〇』というテーマで作文を書きます。パワーは1232323です。」と言うと、生徒たちはいっせいに作文を書き始め、とても長い文章を書き上げていました。

本章冒頭の三つの文章を「パワー・ライティング」の手法で比較してみましょう。それぞれの文にパワーを表す数字をつけるとどうなるでしょうか。

文章1は葉書の挨拶文です。これは誰に宛ててもよいばかりでなく、内容よりも「葉書が届いた」という事実の方が大切だと言ってもよいくらい、一般的に使われる挨拶の言葉です。三つの文はそれぞれ別の事柄を話題にしているので「パワー111」の文章です。

[パワー1] 暑中お見舞い申し上げます。
[パワー1] 毎日暑いですが、お元気ですか。
[パワー1] 私は楽しく夏休みをすごしています。

文章2はパワー122という形です。最初の文が後の二つの文をまとめています。後の二つの文は最初の文の内容を具体的に表しています。

[パワー1] 当社が掲げる目標は、「常により効率の良い、環境にやさしいオフィスを作る」ことです。

[パワー2] これまでに、五つの要素から検索ができるファイルシステムを構築し、事務作業の効率化を図りました。

[パワー2] さらに、ドキュメントスキャナを導入して「紙のない」オフィスを目指しています。

文章3はどうでしょうか。

[パワー1] 最近の若者達は、電子機器を実にうまく活用する。

[パワー2] わからない事柄があると、即座にインターネットで検索する。

[パワー2] 行き先を電子地図で表示し、自分の居る場所も確認しながら行き方を決める。

最初の文の内容を二番目と三番目の文が具体化しているので、「1」「2」「2」となるでしょう。

「パワー・ライティング」の手法を使って三つの文章を比較しました。抽象度を数字で表すことによって文章の構造を捉えることができましたね。

パワーは相対的に決定されます。つまり、かなり抽象的な文でも、周りの文の抽象度がより高ければパワー3や4になることがあります。

詳しい説明はオンラインファイルをご参照ください。

3. 「パワー・ライティング」で文章を作成する

このように抽象度に着目し、全体の構成を視野にいれてアウトラインを練ると、目的に応じていろいろな構成の文章を作ることができます。

例えば、「フェアトレード商品を宣伝する意義」（「フェアトレード」とは発展途上国の生産者から直接、フェア（公正）な値段で商品を購入することによって、途上国の貧困を解消しよう、という試みのこと）について「パワー1232323」の文章を構想することにしましょう。次のように整理することが可能でしょう。

パワー1　フェアトレード商品はもっと広く人に知られるべきである。
　　パワー2　フェアトレード商品は発展途上国の労働者の人権を守る。
　　パワー3　会社が労働組合を認めていないと、フェアトレードマーク
　　　　　　がもらえない。
　　パワー2　フェアトレード商品を買うことは現地の人々の自尊心を守る。
　　パワー3　募金のように「他国から恵まれる」ものではなく、正当な
　　　　　　労働の対価である。
　　パワー2　フェアトレード商品は環境を守る。
　　パワー3　生産者の生活環境に配慮するため、危険な農薬の使用が禁
　　　　　　止されている。

　あるいは、一つのテーマについてだんだん具体的に論じたい場合には、「パ
ワー1234」の構成で文章を構想することができるでしょう。

　　パワー1　日本人にはユーモアがないという論をよく耳にするが、この論
　　　　　　は必ずしも当たっていない。
　　パワー2　異国間で共有できるユーモアかどうかを別にすれば、日本に
　　　　　　は日本独自のユーモアが存在する。
　　パワー3　狂言、落語、漫才などは、昔から日本人が笑いを共有して
　　　　　　きた文化である。
　　パワー4　狂言は鎌倉・室町時代から、落語は江戸時代初期から、
　　　　　　漫才は大正時代中期から演じられ、親しまれてきた。

　「パワー0」という抽象度もあります。これは、読者を話題に引き入れる
ために置く前置きのような文や段落だと考えて下さい。例えば上の「1」の
文の前に次のような「0」をつけることができるでしょう。
　　パワー0　「ユーモア」について書かれた本や記事を時々目にする。
　パワーの配列の仕方はこれだけではありません。「23231」や「12341」な
どといったパターンも考えられるでしょう。「3212323」などもある種の目的
には有効でしょう。

「パワー・ライティング」の練習をする場合は、まずは語句のパワーで行い、次に文で、そして段落でと積み上げていくようにすると無理がありません。経験を積むと、いつの間にか長い文章が整理された構成で書けるようになることでしょう。

◉語句でパワー・ライティングの練習をしましょう。
　①昆虫 パワー1 （　　　） パワー2 （　　　） パワー2 （　　　） パワー2
　②夏を感じる事柄 パワー1 （　　　） パワー2 （　　　） パワー2 （　　　） パワー2
　③社会における不正 パワー1 （　　　） パワー2 （　　　） パワー2 （　　　） パワー2
　④（　　　　　　　） パワー1 （　　　） パワー2 （　　　） パワー3

◉次の文をテーマにしてパラグラフを書いてみましょう。（　）に記入されているパワーの指定にそって各文を作りましょう。
　①小学校からの英語教育は進められるべきである［べきではない］。（1222）
　②少子化を食い止めるためには保育のシステムを見直すべきである。（1232323）
　③大学の英語クラスでは能力別教育を導入するべきである［べきではない］。（12341）

◉書き写すと（入力すると）A4の半分ほどになる長さの文章を選び、段落ごとのパワーを特定しましょう。選んだ文章はどのようなパワーの構造となっていますか。文章の目的から考えてパワーの構造がどのような効果をもたらしているかを考えましょう。

◉マップを使って文章の内容を構想しましょう。そして第4章で行ったように、文章内容の中心と範囲を決めます。このマップの構想を今度はパワー・ライティング手法を使ってアウトライン化しましょう。全体の主張はどのようなものか、その根拠となる論点はどのようなものか、いくつ挙げるのか。論点同士の関係を整理するとどのような抽象度となるのか、考えてア

ウトラインを練りましょう。

◉新聞の一面に毎日掲載される「天声人語」(『朝日新聞』)や「編集手帳」(『読売新聞』) などのコラムを20日分切り取りましょう。そしてそれぞれの日の論述を、段落ごとのパワーで特定してみましょう。パワー構造はどのようなものが多いですか。また、パワー構造と話題には何らかの関連があると思われますか、検討しましょう。

学術論文は個別の事例を分析、解釈し、一般化し、理論を導くプロセスです。非常に具体的な文や段落と、高度に抽象的な文や段落とを一つの論文の中で扱うことになります。そのため意識して抽象度を調整する練習は効果的です。

チェックリスト

- ☐ 段落ごとのパワーを特定すると、意図した全体構造になる。
- ☐ 段落の中の文ごとのパワーを特定すると、意図した段落内構造になる。
- ☐ 抽象度の高い段落(文)は、他の段落(文)を適切に括っている。
- ☐ 抽象度の低い段落(文)には、括られている内容以外の内容が書かれていない。

●参考文献
ハヤカワ, S.I.（Hayakawa, S.I.）(1985)『思考と行動における言語（原書第4版)』(岩波書店)

09

参考文献を示す

導入

以下の文についてあなたの考えを挙げてください。

①学術論文にとって大切なのは自分のオリジナルな考えなので、参考文献は極力少なく抑えるべきだ。

②マルクスの『資本論』については引用したり言及したりしたわけではないが、非常にこの論文に影響を与えた本なので参考文献表にいれることにした。

③論文の題か、本の題かは、一目でわかるようにするべきだ。

④参考文献表に挙げる資料は書籍や論文だけだ。

⑤参考文献表の著者名の前には、●などをつけて見やすくする。

⑥参考文献は著者の苗字順に並べる。

⑦参考文献の書き方にはいくつか流儀がある。

⑧参考文献表は必要ない。

⑨参考文献表作成を支援するソフトウェアがある。

1. 参考文献の示し方を学ぶ前に

1.1. なぜ参考文献を示すことが必要なのか

この章では、参考文献の示し方について学びます。

論文を書いていく上では、どのような本を参考にしたか、読者にわかるように しなければなりません。学術論文では「自分の意見」や「自分の発見した情報」と「他の人の意見」や「他の人の発見した情報」を厳密に区別することが求められるからです。また、あなたの論文を読んだ人が、本当にあなたが言っていることが正しいのかどうか、確認するときにも、参考文献の情報が必要になります。これを「反証可能性」を確保する、と言います。

　参考文献表には、論文を書くために使った資料を全て挙げます。映画やテレビの番組であっても明記します。引用したり言及したりしていない資料を挙げることはありません。詳しく言えば、使った資料についてはすべて本文中、あるいは注で言及する必要があるということです。

1.2.　参考文献の様々な示し方

　参考文献は本文中と文献表の二箇所で示します。ここでは、まず参考文献表の作り方から学習していきます。

　参考文献表の書き方にはいくつかの流儀があります。大きな系統で分けると「注方式系統」「著者年 (Author-Date) 方式系統」に分けることができるでしょう。注方式は文章の中に注番号を組み込み、詳しい文献の情報を注、ないしは文献表で説明する方法です。著者年方式では、文献情報の一部を本文中に組み込み、文献表を参照することにより、より詳しい情報が得られるようになっています。

　実際に論文を書くときには、まずどのような書式が求められているか確認しましょう。学校に提出する論文でしたら、先生や学部によって様式が定められているかもしれません。学術雑誌に投稿するのでしたら、雑誌の投稿規程にどの書式を使うべきか特定してあるかもしれません。先生がもしも何も言わなかったとしても、皆さんは何らかの書式に従うことが期待されています。一つの書式を選び、それに従ってください。

　文系ではMLA（Modern Language Association of America）がアメリカで、MHRA（Modern Humanities Research Association）がイギリスでよく使われています。他にもシカゴ書式、APA（American Psychological

Association）などありますが、ここではMHRA書式を紹介します。注方式と、著者年方式（Author-Date方式）の両方を扱っており、比較的シンプルだからです。ウェブサイトではそれぞれの書式のサイトのリンクが紹介してあります。これから書く論文に書式の指定がない場合には、MHRAを使ってみましょう。指定がある場合にはそちらに従います。

　MHRA書式では、著者名の前に「●」などの記号をつけたり、番号をふったりすることはありません。また、書誌情報は著者の姓に従って、五十音順、あるいはアルファベット順に並べます。日本語文献と外国語文献は分けて並べることもあります。一次資料と二次資料を分けることもあります。最終的には、読者の便宜を考えて工夫してみてください。

　書式によって多少の違いはありますが、大概どの書式も本の題なのか、論文の題なのかは一目でわかるようになっているはずです。書き方の区別についてはこの章で詳しく勉強します。

　注方式で引用文献を示した場合、初出時の注に書誌情報を全て書き込むことによって文献表を省略することがあります。これは、比較的短い論文に用いられます。ある程度の長さのある論文や、著者年方式（Author-Date方式）の場合には、必ず文献表がつきます。

　今まで勉強してきたことを簡単に表に整理してみると下のようになるでしょう。

■参考文献の示し方

本文中で示す	(Author-Date) で示す。　代表的なものに APA, Chicago Documentation II, MLA などがあげられる。		文献表 必ず必要
	注方式で示す。 ※注の初出時に参考文献情報をフルに記述した　場合は、文末の文献表を省くことができる。　その場合は注に引用元の文献における　引用箇所のページ数を入れる。 代表的なものにMHRAや Chicago Documentation I, などが あげられる。	脚注で示す。 （注はページの下）	あり なし
		章末注で示す。 （注は各章の終わり）	
		文末注で示す。 （注は論文の終わり）	

アクティビティ

◉自分の学びたい書式を選びましょう。

◉自分の学んでいる分野では、著者年方式と、注方式のどちらが一般的でしょうか。大学の紀要や学術論文を見て、調べてみましょう。一般的に使われている書式があるようでしたら、書式ガイドを入手しましょう。

◉MHRAまたはシカゴ式を使うことにするのであれば、注方式と著者年方式のどちらを学ぶのか、この時点で決めましょう。

◉参考文献表作成を支援するソフトウェアにはどのようなものがありますか。調べてみましょう。みなさんの学校や大学は、そういったソフトウェアの利用を無料で提供していますか。

　また使っているワードプロセッサー・ソフトウェアに、簡単な論文作成支援機能がついていることもあります。確認してみましょう。

2.　MHRA書式にのっとって参考文献を示す

※MHRA書式はホームページからダウンロードが可能です。http://www.mhra.org.uk/

2.1.　書籍のとき（基本）

渡辺裕『マーラーと世紀末ウィーン』（岩波書店，2004）

Christopher Herbert, *Victorian Relativity: Radical Thought and Scientific Discovery* (Chicago: University of Chicago Press, 2001)

　これが基本の形です。〈著者名、本の題、(出版場所)、出版社、出版年〉の順で並べます。区切りには「，．」をつかっても「、。」をつかってもかまいませんが、どちらかに統一します。日本語の書籍の場合には出版場所を特定しないのが普通です。英語の場合は、出版場所と出版社の間を「：」で区切ります。

日本語の書籍名は『　』で囲みます。英語の書籍名はイタリック体にします。

各文献の二行目以降を下げます。例えばMicrosoft社のWordを使っているのであれば段落を「ぶら下げインデント」（2行目以降を下げる）に設定します。こうすることによって、本書の例のように二行目が自動的に字下げとなって、空白ができ、著者名が見やすくなります。

出版社名表記の注意点は、日本語の場合、文庫本や新書のときです。「岩波文庫」「中公新書」といった形ではなく、「岩波書店」「中央公論社」のように出版社名で書きます。奥付に書いてある社名を書けばよいということになります。なお、英語の場合Macmillan co.のように本に書いてあっても、出版社名の場所にはMacmillanと書きます。'Ltd.' 'S.A.' なども省略します。'Press' は出版社名が人名でないときのみ残します。オックスフォード大学出版のような場合は、人名ではありませんからOxford University Pressとなるわけです。よく知られた大学出版局の場合、OUPのように略すこともありますが、皆さんはできるだけ略さないようにしましょう。

2.1.1.　翻訳書籍のとき

- ウォルター・ペイター（Pater, Walter）『ルネサンス―美術と詩の研究』富士川義之訳，（白水社，2004）
- Isabel Allende, *Daughter of Fortune*. trans. by Margaret Sayers Peden. (New York: Harper, 2000)

原典の著者の名前を最初に書きます。MHRAではウォルター（名）・ペイター（姓）のような順番で書くことになります。その後、（　）の中にPater, Walterと、姓、名の順で原語を入れます。こうすることによって、どちらが姓なのかはっきりわかりますし、原書にあたりたいと思った読者も検索をかけることができるようになります。

五十音順で並べるにあたっては、　姓のほうに従います。理由は単純です。「アインシュタインの本は何だったっけ」と調べる人はいるかもしれませんが、「アルバートの論文はどこだっけ」と探す人はほとんどいないからです。

2.1.2. 論文集、複数の著者がいる場合

渡辺裕他『クラシック音楽の政治学』(青弓社，2005)

渡辺裕，増田聡，清水穣，戸ノ下達也，加藤善子，輪島祐介，若林幹夫
『クラシック音楽の政治学』(青弓社、2005)

『映画史を学ぶクリティカル・ワーズ』村山匡一郎編 (フィルムアート社，
2003)

The Social Life of Things: Commodities in Cultural Perspective. ed.by
Arjun Appadurai (Cambridge: Cambridge University Press,1986)

David Held, et al. *Global Transformations: Politics, Economics and
Culture.* (Stanford, CA: Stanford University Press, 1999)

David Held, Anthony McGrew, David Goldblatt, Jonathan Perraton,
Global Transformations: Politics, Economics and Culture.
(Stanford, CA: Stanford University Press, 1999)

著者が3人以上いる場合は、筆頭著者の後に「他」と書いて省略すること
ができます。英語の場合も著者が3人を超えるときは、et al. ないしは and
others を用いて省略をすることが可能です。

著者名の順序は勝手に変更してはいけません。筆頭著者は、その本を書く
にあたって最も大きな貢献をした人とみなされるからです。

MHRA書式では論文集は題で並べることになります。例えば Appadurai
の *The Social Life of Things* は A で並べるのではなく、題から冠詞を抜いた
次の語、S で並べることになります。

2.1.3. 論文集の中の論文や雑誌記事、新聞記事など

佐々木健一「演劇の空間体験―もう一つの演劇の本質」『音楽のテアト
ロン』庄野進、高野紀子編、(勁草書房，1994) pp.2-19.

高橋新太郎「言論統制の実態―横浜事件」『國文学』34.4(1989), 136.

吉野亜矢子「海外の文学―テリー・プラチェット英社会への鋭い観察眼」
『毎日新聞』2009年2月17日夕刊, p.4.

Scott Cohen, 'The Empire from the Street: Virginia Woolf, Wembley,

and Imperial Monuments' *Modern Fiction Studies*, 50.1(2004),
85-109.

Ayako Yoshino, 'This May Make You Choke on Your Sushi…'
Times Higher Education Supplement, 31 May 2002, p.17.

　論文や雑誌・新聞記事などのタイトルは「　」で囲みます。書籍名や雑
誌名は『　』で囲みます。上のように表記することによって、高橋論文は
1989年に出版された『國文学』という雑誌の34巻4号の136ページに載って
いることがわかります。論文集の中の論文は書物の中のほんの一部分に過ぎ
ませんから、何ページから何ページまでがその論文なのかを明らかにしま
す。書籍に入っている論文で2ページ以上にわたる場合はpp.をページ番号
の前につけます。佐々木論文は2ページから19ページに収められている17
ページの長さの論文だということがわかります。学術雑誌の論文のページ番
号にはpp.は不要です。

　ちなみにp.は「page」の「age」部分が省略されて「.」に置き換えられ
た記号です。ですから「p」だけでは間違いです。大文字の「P」も使いません。
pp.○-○は「p.○からp.○まで」を表します。ですから「pp」や「PP」や
「pp.○～○」は同様に間違いです。p.もpp.も音楽で言えばト音記号のよう
に世界共通の記号です。正しく書けるようにしましょう。

　日本語の場合、分野によっては学術雑誌を引く際、その雑誌を出している
学会名を明示する慣習のある場合もあります。特に同じ題の学術雑誌が多く
ある分野にその傾向が見られます。理系の一部の分野、文系では言語学にそ
の傾向があるようです。指導教官に確認してみましょう。

　英語では基本的に学術雑誌のタイトルだけでよいことになっています。

2.2. 書物以外の資料

2.2.1. 録音

　武満徹、『エア，弦楽のためのレクイエム』，演奏　オーレル・ニコレ，
　　　サイトウ・キネンオーケストラ，指揮　小澤征爾，ユニバーサルク

ラシック，1996.

Georges Bizet, *Carmen*. Perf. Jennifer Laramore, Thomas Moser, Angela Gheroghiu, and Samuel Ramey. Bavarian State Orch. and Chorus. Cond. Guiseppe Sinopoli, Warner, 1996.

2.2.2. 映画

『ハウルの動く城』，監督：宮崎駿，スタジオジブリ，2004.

Chocolat. Dir. Lasse Hallström. Miramax, 2001.

2.2.3. インターネット上の資料

著者名「ページのタイトル」『サイト名』最終更新日，サイト運営者（サイト名，著者名と同一でない場合），〈URL〉，［閲覧日］

「平成14年人口動態統計月報年計（概数）の概況」『厚生労働省ホームページ』，〈http://www.mhlw.go.jp/toukei/saikin/hw/jinkou /geppo/ neng ai02/index.html〉［2006年8月30日閲覧］

Robert Scholes, 'General Introduction to *The New Age* 1907-1922' in *The Modernist Journals Project*. Brown University and the University of Tulsa.<http://orage.mjp.brown.edu:8680/exist/mjp/ display.xq?docid =mjp.2005.00.001> [accessed on 30 Aug.2006]

　研究をめぐるインターネット環境は、発達の一途をたどっています。学術的に意味のある情報や政府の統計などもどんどんオンラインデータ化されています。これには学術的な動きも絡んできます。たとえば人文学とコンピュータ分野の協働からうまれたデジタル・ヒューマニティーズという分野では特に古い資料の電子化オンライン化が盛んに行われています。かつては各国の所蔵図書館を訪ねなければ読むことのできなかった古い書籍や新聞も、次々と電子化されているのです。

　けれども、インターネットには問題点が二つあります。まずインターネットは「誰でも」「簡単に」発信できるメディアであるため、見つかる情報も必ずしも信頼の置けるものではありません。また、インターネット上の情報

は、一時的なものであることが多く、後で確認のために行ってみたらなくなっていた、というようなこともあります。学術論文は基本的に反証可能性を確保しなければなりませんから、これでは困ります。閲覧日を記入するのは、少なくとも、いつ、その情報がそのURLにあったのか明らかにするためです。しかしシカゴ書式の最新版（第15版）では、閲覧日を示しても反証可能性は確保されないとして、閲覧日の提示を不要だとしています。こうしたインターネットの弱点を補うために、現在ではDOI（デジタルオブジェクト識別子）を用いて、恒久的に情報をたどれるようにしようという仕組みが確立しています。サーバーが引っ越したり、URLが変わってもhttp://doi.org/をつけた上でDOIコードを入力すれば該当文献にアクセスすることができます。何にでも付与できますが、現状は論文に付与されていることが多いようです。ただし、学術的に有益な情報でも全てのオンライン情報にDOIが付与されているわけではありません。DOIのついていない情報の方が遙かに多いのです。

　したがって、インターネット上の情報をどのように使うかについてはよく吟味する必要があります。DOIがある情報の他にも、インターネット上の情報が一次資料の場合も考えられますね。たとえばSNSでの交流のしかたに興味がある場合や、オンライン商店の商品レビューの傾向を対象にする場合などです。分野によって違いがありますから、論文に使う前に指導の先生に確認をとっておきましょう。

■練習問題

①『ハムレット』と、ハムレット、の違いについて述べてください。
②著者名がわからない本を引用しました。本の題は『告発！　ある作文教師の横暴』です。参考文献表にはどのように書けばよいでしょう。
③同じ著者の本を何冊か引用しました。参考文献表にはどうやって表示しますか。
④『ハムレット』を読む、という題の本を見つけました。『『ハムレット』を読む』と、書いてみて、なにかおかしいな、と思いました。どう書けばよ

いのでしょう。

⑤英語の本を引用しましたが出版場所がわかりませんでした。どうしますか。

■練習問題

　下の表にはあなたがメモした書誌情報があります。大慌てでノートに書き付けたので、順序も情報もばらばらです。これらの資料を文献表にしてみてください。

著者　西川麦子　本の題　ある近代産婆の物語　能登・竹島みいの語りより 桂書房　1997 年出版　※第 26 回渋沢賞受賞
本の題　言語と文化の記号論　　著者　ミハイル・バフチン　訳　北岡誠司 新時代社 1980 年　Mikhail Bakhtin
助産婦の戦後　　大林道子　　1989 年　勁草書房
福澤一吉教授・議論のレッスン・生活人新書・日本放送出版協会・2002 年
論文：「イングランド」の成立：アングロ・サクソン期におけるイングリッシュネス意識 本：「イギリス」であること：アイデンティティ探求の歴史 刀水書房　著者　指　珠恵　9 頁〜31 頁　1999 年　・編集　指　昭博
齋藤一著　帝国日本の英文学　人文書院　2006 年 8 月 31 日

3.　本文中で出典情報を示す

3.1.　脚注で出典情報を示す

　脚注方式で書誌情報を示すときには、初出時に書誌情報を全て書き込みます。引用している箇所が、本や論文のどのページのものなのかわかるようにページ番号を明記します。論文のように、書誌情報がページ数で終わっているときは、以下のように書きます。

Scott Cohen. 'The Empire from the Street: Virginia Woolf, Wembley, and Imperial Monuments' *Modern Fiction Studies*, 50.1(2004), 85-109 (pp.99–100).

ちなみに、現在多く使われているコンピュータ用のワープロソフトには注機能がついていることが普通です。「注機能」を用いて論文を製作すると、後に文章の一部を入れ替えたとき、機械が自動的に注番号を振りなおしてくれますから便利です。

3.2. 著者年方式で出典情報を示す

著者年方式は、書物の発行年が非常に重要なときに用います。そのため、書誌情報も示し方の順序が違います。

Cohen, S. (2004) 'The Empire from the Street: Virginia Woolf, Wembley, and Imperial Monuments' *Modern Fiction Studies*, 50.1: 85-109

Herbert, C. (2001) *Victorian Relativity: Radical Thought and Scientific Discovery*, (Chicago: University of Chicago Press)

渡辺裕 (2004)『マーラーと世紀末ウィーン』(岩波書店)

著者年方式では、注は出典情報を示すためには使いません。かわりに、文章中に出典情報を (　) を使って埋め込みます。下にいくつか例をあげました。引用した後に (著者名　ページ) を書くのが基本のパターンです。例として挙げている本は高橋準 (2004)『ファンタジーとジェンダー』(青弓社) です。

①文中で既に作者名を明らかにしている場合
　高橋はファンタジーの定義の難しさに言及している (2004, p.23)。
②文中に名前を明示していない場合
　しかし、『十二国記』において陽子の戦いは、やむを得ない決断であり、

むしろ「受動的」という指摘もある（高橋2004，p.126）。

3.3　同作者の同年の著作を2冊以上引用する場合

　年号の後にa, bとアルファベットをふり、文献表との関係で明らかにします。著者の名前のすぐ後に括弧を入れる場合もあります。読者にわかりやすいほうを選んでください。

　高橋（2004a，p.157）はファンタジーに描かれる家庭像に着目する。

　1980年代後半からのファンタジーブームが「現在の日本のファンタジーというジャンルの基本構造」を形成した（高橋2004a，p.32）。

┌─────────────┐
│ チェックリスト │
└─────────────┘

☐ 文献表作成支援ソフトウェアについて調べた。自分の使っているワードプロセッサーソフトや、学校が提供しているソフトの中にあるかどうか確認した。

☐ 異なる方式を混ぜていない。

☐ 文献表は著者の姓の順に並べられている。

☐ 注方式、著者年方式のどちらかに従って出典を示してある。

☐ 文献表で雑誌論文や論文集のページ数をとばしていない。

☐ 著者名や、本、論文の題などに変換ミスがない。

☐ 同一著者の著作は発行年の順に並べられている。

☐ 本の題は『』で、論文名は「」でくくられている。

☐ 不必要な情報(敬称や、受賞した賞など)を入れていない。

☐ 出版社名が正しく表記されている。
　（○○文庫、や○○株式会社、といった形で表記されていない。）

☐ 情報の前に番号や飾りがついていない。

☐ 文献表で各文献の2行目が右に下げられている。

10

「ブロック引用」をする

　日本の医療職場において医師がカルテを作成する際にどのような点に留意しているかということを調べてレポートに書いているとしましょう。調べているうちに、アメリカのカルテに関する次のような記述を見つけました。そこで、アメリカの場合にも触れて、比較をしながら日本の状況を分析することにしました。

　　アメリカの病院や大学医学部、医科大学では、名医として尊敬される医師になればなるほど、そのカルテは正確で、しかもその診断や治療の根拠は、誰が読んでもわかるように論理的で、明確に書かれているそうだ。つまり、カルテを医学生の手本になるように書くことが、アメリカの医師の最低の条件なのである。
　　小田豊二『「書く」ための「聞く」技術』(サンマーク出版，2003，p.192)

　しかしこの内容には疑問があります。アメリカと日本の社会背景は異なるので、アメリカを模範にできるとは思えません。そのような疑問をも書きたいと思います。では、この記述とそれに対する意見をどのように自分の論文に組み込んだらよいでしょうか。

A　アメリカの病院では、名医であればあるほどカルテを正確に書くと言われている。カルテを医学生の手本になるように書くことが医師として最低の条件だとも言われているそうである。しかし医学生の手本にす

るためにカルテは正確に書かれているのであろうか。

B　アメリカの病院では、名医であればあるほどカルテを正確に書くと言われている。カルテを医学生の手本になるように書くことが医師として最低の条件だとも言われているそうである。実際、小田の著書にはそのような記述（p.192）がある。しかし医学生の手本にするためにカルテは正確に書かれているのであろうか。

C　小田は次のように書いている。アメリカの医療機関では優れた医者はカルテを正確に論理的に書く。医学生の模範になることが求められているのである。しかし医学生の手本にするためにカルテは正確に書かれているのであろうか。

D　小田（2003）は次のように書いている。「アメリカの病院や大学医学部、医科大学では、名医として尊敬される医師になればなるほど、そのカルテは正確で、しかもその診断や治療の根拠は、誰が読んでもわかるように論理的で、明確に書かれているそうだ。」「カルテを医学生の手本になるように書くことが、アメリカの医師の最低の条件なのである。」（p.192）。私は、最初の部分にはなるほどと思うが、後の部分には疑問を感じる。

1.　引用することの重要性

　Dのように、参照した文章をそのまま書き写して自分の文章に取り込むことを「引用する」と言います。文字通り「引いて用いる」わけです。そして引用をしたときには、誰のどの文章を参照したのかを明示します。上の記述では、Dは引用をして論じているのでA、B、Cよりも科学的です。ただしDには不明確な書き方もありますね。二つの引用のうち一つ目は何ページか

らの引用なのかはっきりしません。

引用をするとどのような利点があるのか、まとめてみましょう。

①参照した相手の文章をそのまま読むことができる。読み手は、内容が元の文章の内容と「ずれているかもしれない」という心配なしに読むことができる。

②書き手の考えと区別されている。どこからどこまでが参照したものなのか、どこからどこまでが書き手の解釈なのかはっきりしている。

③読み手にとってわかりやすいだけでなく、書き手が論じる対象から離れた、抽象的な文章を書くのを避ける助けにもなる。

2.　引用の目的

では、引用はどのような場面でするのかを考えてみましょう。

アクティビティ

●論文や本の中で引用がなされている箇所を見つけましょう。そしてその引用が、どのような場面で何の目的でなされているかを書き出しましょう。

引用は次のような場面でなされると考えられます。

　①自分の主張を支持する意見として出す。自分の主張を強化する。

　②自分の主張と反対の意見として出す。引用内容を打ち消すことによって自分の主張を強化する。

　③自分が述べていることの具体例を出す。

　④自分が示した具体例を一般化するもの（解説するもの）として出す。

　⑤これまで述べてきた視点とは別の視点を提供しているものとして出す。

　⑥論点を分析する観点を出すために提示する。

他にも引用をする場面はあるでしょう。佐渡島他（2020）には種々の場面が紹介されています。

3.　引用の仕方

　では、実際にはどのように引用をするのでしょうか。原則は下のとおりです。
①一字一句（句読点を含めて）を書き写します。ただし、引用符の中では、
　「　」は『　』に変わります。縦書きの文章を横書きの文章に取り込むと
　き漢数字を数字に、またその逆を、断りなしに変えることは許されます。
②3行以下の文章であれば本文中に「　」で括って引用します。3行を
　超えたら「ブロック引用」にします。（「ブロック引用」とは、「Block
　quotation」を佐渡島が直訳した言葉です。）
③出典と引用ページを明らかにします。

　この課では「ブロック引用」の仕方を習いましょう。次の点がポイントです。
①引用部分を選ぶ。
　❶論にぴったりの部分を選ぶ。途中を省略することができる。
　❷過不足ないように範囲を選ぶ。1ページの三分の一程度の量を超えない
　　ようにしたい。
②予告をする。
　❸誰の言かを明示する。
　❹何のために引用するのかを示す。74ページの下方①から⑥のどの場面
　　であるかを読み手に知らせる。
③分析する。
　❺引用後、まず引用部分のポイントを言う。
　❻引用部分中のキーワードを、再度引用して読者に示しながら自分の論へ
　　と進む。引用部分と自分の論とを上手にからみ合わせる。

　先の例を、「ブロック引用」して記述してみましょう。

　　　小田（2003）は、アメリカの医療現場におけるカルテの書き方を次の
　　ように説明している。

アメリカの病院や大学医学部、医科大学では、名医として尊敬される医師になればなるほど、そのカルテは正確で、しかもその<u>診断や治療の根拠</u>は、誰が読んでもわかるように論理的で、明確に書かれているそうだ。つまり、カルテを医学生の手本になるように書くことが、アメリカの医師の最低の条件なのである。（下線は筆者）
(p.192)

　小田は、アメリカの医師がカルテを「正確」に、そして「診断や治療の根拠」を「明確に」書いているのは「医学生の手本になるように」するためだと分析する。しかしそうであろうか。医師がカルテを「正確」に書くのは「医学生の手本」のためだけであろうか。アメリカが発達した訴訟社会であるという背景を考えると違った見方をすることもできる。すなわち、医師は、患者に訴えられたときに「診断や治療の根拠」が「明確」であったことを示すための証拠を残すためにカルテを「正確」に書いているのかもしれないのである。

　このように参照した文章をそのまま読者に見せた上で丁寧に分析すると、科学的な文章になりますね。

　他にも覚えておくとよい「ブロック引用」の慣習があります。（○は著者自身の文章、＊は引用の文章を表しています。）

○○。（予告は新しい段落を開始する場合もある。）　次の［　引用する文章を書いた人の姓　　］の言は、［　「日本人が独特な考えを持っていることを示している。」「その難しさを表している」など引用する目的を記す　　］。

（一行空ける）

ブロック引用開始。「」は付けない。会話のときは付ける。左だけ3
〜4文字分引っ込める。＊＊＊＊＊＊＊＊＊＊＊＊＊＊＊＊＊＊＊
＊＊＊＊＊＊引用部分の字の大きさは、本文と同じ場合と少し小さ
くする場合とがある（書式のルールがあったら従う）＊＊＊＊＊＊＊
＊＊［中略］または…［略］…＊＊＊＊＊＊＊＊＊＊＊＊＊＊＊＊
＊＊＊＊＊＊＊＊＊＊＊＊＊＊＊＊＊＊引用が二つの段落にまたが
る場合は／でつなげる場合もある。＊＊＊＊＊＊＊＊＊＊＊＊＊＊(引
用元の文章に誤りがあることを知りながらそのまま引用していること
を示す）＊＊＊＊＊＊＊＊＊＊＊＊＊＊＊＊＊＊＊＊＊＊＊＊＊
＊＊＊＊＊＊＊＊＊＊＊＊＊＊。注）またはここに（　）で出典
提示（著者、発行年、引用ページ）。自分が翻訳をした場合は、（佐渡
島訳）または（筆者訳）と書く。強調のために下線や・を付したときは、
（下線は筆者）と書く。

（一行空ける）

本文の続き。まず、引用部のポイントを押さえる。次に、ブロック引用した
部分を要約、解釈しながら自分の論を進める。そのとき、「ブロック引用し
た文章中の語句や文」を効果的に使って論じる。○○○○○○○○○○○○
○○○○○○○○○○○○○○○○○○○○○「＊＊＊＊＊」○○○○○
○○○○○○○○「＊＊＊＊＊＊＊＊」○○○○○○○○○○○○○○
○○○○○○○○○○○○○○○○○○○○○○○○○○○○○○○○○

アクティビティ

◉新聞の投書欄から投書を一つ選び、その投書に書かれている主張について
　文章を書きましょう。ブロック引用する箇所を決め、その箇所をどのよう
　に利用するかを考えた上で、自分の主張を書きましょう。

●決められたテーマについて文章を書きます。そのテーマに関係ある文献を
三つ選びます。それぞれの文献から引用したい部分を一、二箇所ずつ選び、
その箇所をそれぞれ別々のカード（インデックス・カード）に書き写しま
しょう（カードの1.）。そして引用箇所を書き写した部分の下に、引用の
目的として考えられることをメモしましょう（カードの2.①と2.②）。

		宇佐美寛編『作文の論理—[分かる文章]のしくみ』東信堂、1998 年、p.80
1.		何が重要であるかは、何を読者に説得し納得させようとするかという目的による。
		（宇佐美）
2.	①	文章を書く技術は、文章の目的にかかわらず重要である、という考え方を示し、
		それに対する反論の材料にする。
	②	文章の目的というものが、いかに重要であるかと示すときに作文指導の権威である
		宇佐美寛のこの部分を引用する。

●ブロック引用が含まれる文章を書いて、友人と交換し、互いに批評し合い
ましょう。予告は明確か、引用部分は適切か、引用後の分析は効果的か、
を批評し合いましょう。

☐ 三行以下の引用は本文中に「」で、三行を超える引用はブロックで示されている。

☐ 本文中引用箇所には誰の言であるか記されている。

☐ 本文中引用箇所には出典が示されている。

☐ ブロック引用には著者と引用目的が予告されている。

☐ ブロック引用部は論点が一つで長さが適切である。

☐ ブロック引用の後には、ポイントと分析が示されている。

☐ ブロック引用の記述法は適切である。（中略、「　」、下線、／など）

●参考文献

佐渡島紗織、オリベイラ, ディエゴ、嶼田大海、デルグレゴ, ニコラス（2020）『レポート・論文をさらによくする「引用」ガイド』（大修館書店）

11

要約引用をする

レポートや論文では、そのテーマについて過去に発表されている研究（本や論文など）を要約しながら概括的に示したい場面があります。本章では、文献の内容を要約しながら概括的に示す方法について学びます。

導入

「なぜ大学では論文を書くのか」という問いを追究するレポートを書くことになりました。そこで「大学」と「論文」という言葉が題に含まれている文献を探したところ、以下の本と論文を見つけました。そしてレポートに使えそうだと思った部分を書き抜きました。

一つ一つの文献をブロック引用しながら詳しく分析するのではなく、要約しながら全体像がつかめるような文章を書きたいと思います。どのように引用をし、どこでどのように文献を示したらよいでしょうか。

●石黒圭
『論文・レポートの基本』（日本実業出版社、2012）からの抜き書き
①大学は、現代においては高度職業人養成機関、すなわち、きわめて高い知識と技能を持った社会人を育てる機関としての面も持っていますが、本質的には研究者養成機関、すなわち研究者の卵を育てる機関です。(p.5)
②大学教育におけるゴールは論文であり、論文の書き方のなかには学術的な研究を遂行するのに必要なエッセンスがつまっています。(p.6)

●中井俊樹

「学士課程の学生に研究体験は必要か―」『名古屋高等教育研究』

11（2011）171-190からの抜き書き

③学生の研究体験がもたらす効果として、学習効果の向上、卒業率
の上昇、大学院進学への促進などが検証されてきている。（p.184）

●小森陽一監修

『研究する意味』（東京図書、2003）からの抜き書き

④すぐれた研究と学問は、本気でものを考えようとする知の曲者_{くせもの}た
ちの、出会いと論争のなかで生み出されることを痛感していま
す。（p.5）

1. 要約引用の方法

　ある著者のある文献を紹介する場合、二箇所から引用して一つの文にまと
めることができます。

　　石黒（2012）は、「大学は、現代においては高度職業人養成機関、す
　なわち、きわめて高い知識と技能を持った社会人を育てる機関としての
　面も持っていますが、本質的には研究者養成機関、すなわち研究者の
　卵を育てる機関です。」（5）とした上で、「大学教育におけるゴールは論
　文であり、論文の書き方のなかには学術的な研究を遂行するのに必要な
　エッセンスがつまっています。」(6) と述べている。

　なお、原文中に「　」がある場合は、その「　」が引用符の「　」に括ら
れると「「　」」となってしまうので、『　』に変えます。
　一つの事柄を述べるために、二人の著者の言を引用して一つの文にまとめ
ることもできます。その際、上手くつなげるために、文末を変え、引用した

ところまでで括弧を閉じます。

　　そもそも大学は研究をするところなのだという見方がある。すなわち、大学は、「本質的には研究者養成機関、すなわち研究者の卵を育てる機関」（石黒2012，6）であり、「学生の研究体験がもたらす効果として、学習効果の向上、卒業率の上昇、大学院進学への促進などが検証され」（中井2011，184）ている。

または、

　　そもそも大学は研究をするところなのだという見方がある。例えば、石黒は、大学は「本質的には研究者養成機関、すなわち研究者の卵を育てる機関」（2012，6）と述べ、中井は「学生の研究体験がもたらす効果として、学習効果の向上、卒業率の上昇、大学院進学への促進などが検証され」（2011，184）ているという。

または、

　　そもそも大学は研究をするところなのだという見方がある。例えば、石黒（2012）は、大学は「本質的には研究者養成機関、すなわち研究者の卵を育てる機関」（6）と述べ、中井（2011）は「学生の研究体験がもたらす効果として、学習効果の向上、卒業率の上昇、大学院進学への促進などが検証され」（184）ているという。

　上の三例は、いずれも、著者名と発行年と引用ページの3点を示しています。

　上のような方法を駆使すれば、複数の文献から内容を示すことができます。引用する際には、ブロック引用の章の最初の節で学んだように、できる限り原文の著者が使った言葉をそのまま書き写して読者に示すことが大切です。勝手に別の言葉に言い換えて紹介したのでは意味がずれてしまう可能性

があるので、信憑性のある文章とはいえなくなります。

　しかしながら、長い文章をそのまま引用するには紙面が足りないという場面もあるでしょう。その時には、〈キーワード〉だけでも引用するとよいのです。重要な語句、または一文を引用します。最近厳しくなっている著作権侵害に関する裁判でも、たった一語であっても引用があれば盗作（人の考えを自分の考えのように書いてしまうこと）とみなされないという判例が出ているそうです。できる限り原本を提示しそれを書いた人と著書を明らかにするという態度を貫きましょう。

　ところで、引用はせずに、複数の文献に書かれてある内容を抽象度の高い言葉で括ってまとめて示すこともできます。「こんなことをテーマに研究がなされている」ということを言うために、先行する文献を並べて紹介するような場合です。上の三つの文献を括って紹介してみましょう。

　　　大学は、研究をする場であり、人々の交流によってそれが成立する（石黒2012、中井2011、小森2003）という見方がある。

　こうした場合は、括る言葉が適切であるかどうかを十分に確認する必要があります。上の例では「大学は、研究をする場」が抽象度を上げた言葉ですね。石黒の「研究者養成機関」、中井の「学生の研究体験」、小森の「本気でものを考えようとする知の曲者たちの、出会いと論争」を「研究する場」という言葉で括ってあります。
このやり方で括弧の中に七つも八つも文献が示されることがあります。

2.　引用ページを示す場所

　さて、引用をしたら必ず引用ページを示すことは、第10章の「ブロック引用をする」でもふれたとおりです。どこで引用ページを示すかについて、ここで確認をしましょう。

原則として、引用をした場合は、「　」のすぐ後ろに引用したページを示します。

　　石黒（2012）は、「大学は、現代においては高度職業人養成機関、すなわち、きわめて高い知識と技能を持った社会人を育てる機関としての面も持っていますが、本質的には研究者養成機関、すなわち研究者の卵を育てる機関です。」（5）とした上で、「大学教育におけるゴールは論文であり、論文の書き方のなかには学術的な研究を遂行するのに必要なエッセンスがつまっています。」（6）と述べている。

　上の例では、最初の引用が文献の5ページから、二番目の引用が同じ文献の6ページからなされたという意味になります。
　では、同じページから複数箇所引用した場合もいちいち引用符の後ろにページ番号を付けるのでしょうか。この場合は、まとめて示すことができます。引用箇所のすぐ後ではなく、文の後ろ、句点の前にページ番号を示すことによって、まとめて示していることを表します。次の例では、二つの引用箇所がたまたまページをまたがっているので、「5-6」となります。

　　石黒（2012）は、「大学は、現代においては高度職業人養成機関、すなわち、きわめて高い知識と技能を持った社会人を育てる機関としての面も持っていますが、本質的には研究者養成機関、すなわち研究者の卵を育てる機関です。」とした上で、「大学教育におけるゴールは論文であり、論文の書き方のなかには学術的な研究を遂行するのに必要なエッセンスがつまっています。」と述べている（5-6）。

　段落全体が一つの文献の要約となる場合があります。その場合は、段落の最後の文の句点（「。」）の後ろに引用ページを示します。

　　石黒（2012）は、大学で論文を書く意義について、次のように述べる。レポートや論文は、小論文と違い、「深く考える、および詳しく調べる

という手間のかかる面倒くさいプロセスを経て徐々に形を成していくもの」である。だから「小論文はレポートが書けるようになるための準備段階、レポートは論文が書けるようになるための準備段階」といえる。大学は「本質的には研究者養成機関、すなわち研究者の卵を育てる機関」なのだから論文を書かせる。石黒は、このように意義を説く。(3-5)

　この段落では、「次のように述べる。」と書き始め、「このように意義を説く。」と段落を閉じています。文献内容の紹介がどこから始まってどこで終わるかがわかると、書き手の主張とは区別され、わかりやすい文章となります。

　このように、様々な方法で文献を要約しながら紹介することができます。これまでに示された方法を組み合わせた記述をしてみましょう。

　　なぜ大学では論文を書くのだろうか。そもそも大学は、研究をする場であり人々の交流によってそれが成立する（石黒2012、中井2011、小森2003）という見方がある。石黒（2012）は、大学は「本質的には研究者養成機関、すなわち研究者の卵を育てる機関」であるとした上で、「大学教育におけるゴールは論文であり、論文の書き方のなかには学術的な研究を遂行するのに必要なエッセンスがつまってい」ると述べる(5-6)。また中井（2011）は、「学生の研究体験がもたらす効果として、学習効果の向上、卒業率の上昇、大学院進学への促進などが検証され」(184)ているという。そして、「すぐれた研究と学問は、本気でものを考えようとする知の曲者（くせもの）たちの、出会いと論争のなかで生み出される」(5)と小森（2003）は述べる。このように、論文を書くことは、他者と交流しながら研究することであり、それは大学で求められている目標なのである。

　上の場合、まず、三つの文献の存在を（　）に並べて紹介しました。その後に、それぞれの文献の主張を引用しながら記述しています。

3. 「さまざまな声」が投影された文章

　全体を見渡す「要約引用」と一箇所を詳しく分析する「ブロック引用」とを使い分けながら論を進めてみましょう。カメラのレンズを遠近で変えるように調節が自覚された文章になるはずです。

　しかし、どのようなときにブロック引用（短ければ本文中引用）をしてどのようなときに要約引用をすべきでしょうか。一般に、次のような場合にはブロック引用の方が有効です。

①文献研究（資料だけを分析して結果を出そうとする研究）で、一次資料（研究の対象となる資料そのもの）について言及するときは、ブロック引用がよいでしょう。実証研究（自分が何らかの体験をしてデータを集めることからはじめる研究）で、インタビューや実際に聞いた会話について言及するときも、ブロック引用した方がよいでしょう。

②相手の論に反論するときには、ブロック引用する方が説得力がありますね。

③語られ方が特殊な意味を持つときも、ブロック引用して読者にその語られ方を見せる必要があります。

　たくさんの文献から自分のテーマに関係する箇所を引用して、「豊かな」文章を作成して下さい。「『さまざまな声』が投影された文章ほど学術的に価値の高い文章である。」と佐渡島の指導教官は常々言っていました。［論文編］第1章「学術論文とは何か」でも学びますが、学術研究は分野全体で進んでいくものなので、自分の位置を様々な主張の中で明らかにすることは大切です。

　逆にいうと、「引用される」ということは、価値ある先行の発見をしたことがその分野で認められたということです。すべての学術論文雑誌と本の中で誰が誰を引用しているかという記録をとっている機関もあります。こうした記録により引用されている回数が多いと、発表された論文はそれだけ価値の高い論文だと認められるのです。アメリカ等では研究者の業績を評価する

際にも、論文や本は、発表された本数と共に引用された回数つまりインパクトが評価基準に入れられるのだそうです。要するに研究者の仕事が量と質の双方において評価される制度になっています。業績を評価する基準の一つは引用なのです。

4. 引用する際の留意点

他に、引用の仕方にまつわる話題を二、三挙げましょう。

①引用が文の終わりまでの場合、「　」の中にも「。」を打つ場合と、「　」の中には「。」を打たない場合とがあります。学術的な文章では打っているものを多く見ます。打つことにより、文の終わりまでを引用したのか文の途中までを引用したのかの区別が読者にわかります。ジャーナリズム、文学では打たない方が一般的です。

　「学生の意見や要望を反映させる所存である。」と明示されていた。
　「学生の意見や要望を反映させる所存である」と明示されていた。

②引用部分に言葉を付け足さないと意味が通じない場合は（例えば主語など）、[　]で筆者が付け加えることができます。インタビューなどの会話から引用する場合にはこのようなことがよくあります。

　「中世の後半からは[音楽家は]宮廷に仕えるようになったんです。」と述べた。

③文献の著者はすべて呼び捨てにします。「～先生」や「～氏」はつけません。自分の先生も論文の中では思い切り呼び捨てにしましょう。「～とお書きになった。」などの敬語も要りません。

④著者名は、初出時にはフル・ネームを示します。二回目からは名字だけを
記します。

⑤孫引きを避けます。孫引きとは、文章を原本から引かずに、引用されてい
る文献から引くことをいいます。引用したい文献は、自分で原本に当たり
直接引用しましょう。孫引きが許されるのは、文献が古くてもう存在しな
かったり手に入れることができなかったりする場合です。また、もちろん、
誰かが誰かを引用しているということ自体に意味がある場合も孫引きは行
います。

アクティビティ

⦿本の特定の章または節を選んで次の手順で要約文を書きましょう。まず、
選んだ章や節のキーワードやキーセンテンスに印をつけます。印をつけた
キーワードやキーセンテンスを引用しながら要約文を書きましょう。すべ
ての引用箇所に引用ページを書き添えます。要約文の最後には「参考文献」
と記して書誌情報を書きます。同じことは、ジャーナル論文を使ってもで
きます。

⦿ある一つのテーマについて立場の異なる二つの主張が書かれた新聞記事を
探しましょう。二つの立場を要約引用しながら紹介し、それから自分の考
えを述べる文章を書きましょう。

⦿自分が現在追究しているテーマで論文を書くことを想定して、引用する文
献を5本選びましょう。そしてそれら5本の先行文献を紹介する文章を82
ページ、83ページを参考にしながら、A4一枚に書きましょう。

☐ 引用部は一字一句正確に書き写している。

☐ 引用部がどの文献のどのページから書き写されたものなのか読者にわかる。

☐ 引用元の著者名は初出時にはフル・ネームで、二回目からは名字で記されている。

☐ 引用元の著者名は呼び捨てになっている。

☐ 引用ページを記す位置が自覚されている。

☐ 孫引きしていない。

12

図や表を作る

下の図表は、論文の中で使用するのに適切でしょうか。

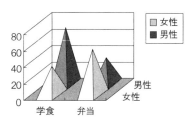

図1　性別による昼食のとりかたの違い

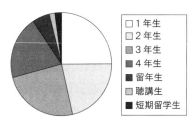

図2　クラス構成

表1　和服調べ

	0	1〜4	5〜
20代	3	26	21
30代	19	29	2
40代	14	31	5
50代	4	39	7
60代	2	31	17

表2　一年に和服を着る回数と世代

	0	1〜4	5〜
20代	3	26	21
30代	19	29	2
40代	14	31	5
50代	4	39	7
60代	2	31	17

※2020年9月K県H市における女性を対象とした
　調査による。（架空のものです）

1. グラフや表を作るときに注意するべきこと

　グラフや表は、情報を印象的に整理して伝えるには非常に有効な手段です。コンピュータで論文を書くのが普通になって、複雑なグラフを作ることが昔よりずっと簡単になりました。

　コンピュータで、複雑なグラフが簡単に作れると、ついつい色々試してしまいたくなります。けれど、三角形の立体のような複雑な形のグラフ（図1）は、読者にとっては見づらいだけです。余計な飾りは学術論文のグラフには必要ありません。

　グラフの形によって伝える情報の得手不得手があります。例えば円グラフは、多くの情報を処理するのには向いていません。せいぜい三つ程度の、非常に割合の差のある情報を処理するのには良いかもしれませんが、図2のように7種類のグループの割合を示そうなどというときは、かえってわかりにくいものです。このグラフを見て1年生と3年生のどちらが多くクラスにいるか、わかる読者はそう多くはないはずです。このような情報は、単純な棒グラフのほうが見やすいでしょう。

　コンピュータのプログラムによっては、グラフを自動的にカラーで作成するものもあります。これも、特にカラーを使わなければならない理由がないときは避けましょう。分野にもよりますが、白黒でコピーをとっても、読者にわかるような図が理想的です。

　ワープロソフトで表を作るとしばしば、自動的に縦線の入った表1のような表になります。しかし、現在使われている主な論文の書式では縦線のない表をすすめています。縦線が多いと邪魔な印象を与えるからです。また、横線だけの表はページが分かれても大丈夫だという利点もあります。表2では、縦線をなくしてすっきりさせています。

　表1のように調査結果を並べただけでは読者には、一体何が伝えたいのかよくわかりません。表2の作者は、強調したい結果をはっきりと示すことにしたようです。若い世代のほうが和服を着る回数が多いということを指摘した表になっています。

2. 図や表の題

　図や表の題は、中身がわかるように書きます。例えば表1の題は「和服調べ」となっていますが、このままでは一体なんのことなのか、読者にはさっぱりわかりません。表2の「一年に和服を着る回数と世代」のほうがずっとわかりやすいですね。

　図表を作るときには、一体何を示したものなのか、良くわかるように作ります。図や表の部分だけ、コピーされて引用されたと仮定してみてください。それでもあなたの作った図は読者に意味が通じるでしょうか。

　同様の理由で「アンケート結果」ですとか、「調査結果」などといった題は、学術論文の図表の題としては不適切です。

　表の題は上、図の題は下につけます。

3. 他の人が作ったグラフや表を使うときに注意すること

　図や表には元データとは別個に著作権が発生します。自分が作った表でない場合には明記しましょう。他人のデータをもとに、自分で表や図を作成したときには、そのように明記します。「○○をもとに作成」のように明記することで、おおもとのデータを作った人の著作権を侵害せずにすみます。

4. 図や表を使って議論をすすめる

　文章の引用と同様、図や表を引用するときには、3段階を踏みます。まず、図や表を使う予告をします。（例・「図1は20代から60代までの女性が一年間に和服を着る回数を示したものである。」）

　その後、実際に図や表を引用します。紙面の都合上、図表を最後にまとめなければならない場合もあるかもしれませんが、基本的にはここに入れま

す。最後に図や表の解説をします。具体的に、数字をひきながら、記述をします。たとえ読者が図や表を見なくてもわかるようなていねいな解説の仕方を心がけましょう。

　評価的な表現（「～にのぼる」「～にみたない」）は、自分の判断や解釈であることがはっきりわかる形で効果的に使いましょう。

チェックリスト

□　図や表の形は伝えたい事柄にあっている。

□　他人の作った図や表を引用する際、出典を明記している。

□　図表を使って議論をする際、予告・引用・議論の3段階を踏んでいる。

□　不必要な飾りや色を使っていない。

□　表を作る際、縦線を入れたままにしていない。

□　表の題は上に、図の題は下に、それぞれ入れてある。

□　図と題を見ただけで言いたいことがすっきりわかるようになっている。

13

「私語り」から脱出する

導入

下の文章を読み、学術的な文章として不適切な箇所を探して下さい。

○○大学図書館は罰金制度を採用するべきだと私は思う。現在の○○大学図書館は、本の返却が遅れるたびに罰則点がたまっていく方式を取っているようである。図書館のウェブ・ページを見てみると、罰則点がある程度たまると、貸し出しができなくなる、と書いてあることがわかった。当然のことながら、試験前に貸し出しができなくなると困るので学生が本を返すだろうという考え方であろう。

しかし、この方式には問題があるのではないだろうか。本を借り出す学生はまじめな学生が多いので、図書館に眠りに来るような学生よりもまじめな学生のほうが貸し出し停止処分になる可能性が高いだろうと考えられる。これではまじめな学生に図書館を利用するなと言っているようなものではないだろうか。

それに対して罰金制度には利点があると思う。遅れた日数一冊一日10円ぐらいの罰金を課せば、学生もこまめに本を返すだろう。それに、図書館も収入が増える。よく読まれる本を2冊3冊買うお金も罰金制度なら捻出できるのではないだろうか。

上の文章には「私語り」が数多く含まれています。学術的な文章では、「私語り」は不適切です。

「私語り」とは、例えば次のような記述です。「〇〇大学図書館は罰金制度を採用するべきだと私は思う」の「私は思う」や「図書館のウェブ・ページを見てみると、…と書いてあることがわかった。」の「見てみると…ことがわかった」、そしてまた「貸し出しができなくなると困るので学生が本を返すだろうという考え方であろう。」の「返すだろう」です。「私は思う」や「見てみると…ことがわかった」という記述は、自分が思った、あるいは見てどうしたという、〈書き手自身の考えのプロセスを説明した表現〉です。また、「であろう。」という記述は、〈根拠を示さずに推測をしている表現〉です。このように、書き手自身の考えのプロセスを説明したり、根拠のはっきりしない推測を表明したりすることを「私語り」といいます。

1. 「私語り」からの脱却

論文は「あなたの意見」を書くものです。読み手は、もともと書き手の意見を読むことを期待して読むのですから、そのように考えた、誰が考えたという説明は不要です。「考えの中身」だけを書けばよいわけです。上の例では、「〇〇大学図書館は罰金制度を採用するべきである。」、「図書館のウェブ・ページには、…と書いてある。」と書けばよいのです。また、根拠の提示なしに推測をされても説得されることはあまりないでしょう。推測の表現に留まってしまわないよう、証拠となる事柄を挙げることが必要です。証拠があれば言い切ることができます。例えば「図書館が行った学生へのアンケート調査によると、試験前の時期に本を借りる学生が〇〇％いた。この結果から、試験前に貸し出しができなくなると困る学生が多いことが明らかである。」と書いた方が説得力がありますね。

上の文章には他の箇所にも「私語り」がありますね。消してみましょう。

〇〇大学図書館は罰金制度を採用するべきだ~~と私は思う~~。現在の〇〇大学図書館は、本の返却が遅れるたびに罰則点がたまっていく方式を取っているようである。図書館のウェブページ~~を見てみると、~~罰則点が

ある程度たまると、貸し出しができなくなる、~~と書いてある~~ことがわかっ~~た~~。当然のことながら、試験前に貸し出しができなくなると困るので学生が本を返すだろうという考え方であろう。

　しかし、この方式には問題があるのではないだろうか。本を借り出す学生はまじめな学生が多いので、図書館に眠りに来るような学生よりもまじめな学生のほうが貸し出し停止処分になる可能性が高いだろう~~と考えられる~~。これではまじめな学生に図書館を利用するなと言っているようなもの~~ではないだろうか~~。

　それに対して罰金制度には利点がある~~と思う~~。遅れた日数一冊一日10円ぐらいの罰金を課せば、学生もこまめに本を返すだろう。それに、図書館も収入が増える。よく読まれる本を2冊3冊買うお金も罰金制度なら捻出できる~~のではないだろうか~~。

　取り消し線を引いた部分が〈書き手自身の考えのプロセスを説明した表現〉です。ウェブ・ページにはあなたが見なくても「罰則点がある程度たまると、貸し出しができなくなる」と書いてあることでしょう。読者にとって必要な情報は「　」の中身だけです。情報の出所を明記することは重要ですが、あなたがウェブ・ページを見たことは読者にとって価値のない情報です。

　「のではないだろうか」という文末表現も削りました。「方式を取っているようである」は「方式を取っている」に変わっています。文章が全体的に強く言い切っているように感じると思います。本当はこのくらい強く言い切れないことを書くべきではないのです。

　〈根拠を示さずに推測をしている表現〉には波下線が引いてあります。こういった不確かな情報を確かなものに変えていく段階がリサーチです。図書館側が本当に「試験前に貸し出しができなくなると困るので学生が本を返すだろう」と考えているのかは、図書館の担当者に聞けばわかるでしょう。本当に「まじめな学生」のほうが、貸し出し禁止になる可能性が高いのかどうかは、「まじめな学生」とはどんな学生かを定義づけた上で実際に調査してみなければわかりません。いずれにしても、きちんと裏づけがなくては議論が立ち行きません。

ときには、どうしても情報が十分でなく推定表現を用いなければならない場合もあるでしょう。事実の裏づけが取れないときには、きちんと推測表現を使う必要があります。しかし、図書館が返却遅れにどのような罰則を設けているかなど、すぐに調べることができるはずです。

そもそも図書館の罰則の話をしているのに、基本情報である現在の罰則システムに推定表現を使うのは文章の最初から「私は何も裏づけをとっていません」と宣言しているようなものですね。

2. 事実と意見の区別

さてここで、「事実と意見を区別して書きましょう」という、文章作成における助言が妥当なものであるかどうかを考えてみましょう。この助言はよく見られるものですが、果たして「事実と意見」は区別できるものなのでしょうか、できるとしてそれは有効なのでしょうか。

「事実」とは何かということをよくよく考えると、何をもって事実と言えるかについては明確な答えを出すことが難しいことがわかるでしょう。例えば、「今日は空が晴れている。」とか「日本人は主張をはっきりと言うことができない民族である。」という言明は「事実」なのでしょうか。「晴れる」とはどのような状態を指すのかという科学的な定義に基づいていれば事実なのだと主張することはできますが、ではその定義は誰が共有しているものなのか、定義に妥当性はあるのか、と追求していくと、事実だと言い切る自信がなくなってきます。あるいはまた、「主張をはっきりと言うことができない」日本人を多く見たことがあるから事実であるとか、本にそう書いてあったから事実である、と言いたいところですが、これらに対しても反論はありそうです。

要するに、こうした言明自体が、物事の客観性を求めて人が定めた基準や言葉の定義を基盤にして作られているものなのだとわかります。つまり、ある基準や言葉の定義を採用しながら認識したことを表明しているという意味で「意見」であるということもできるのです。

さらに、たとえ統計結果などを、結果の出し方をはっきりと示した上で用いたとしても、数字の選択や並べ方から意見が「すけて見える」こともあります。例えば「日本の合計特殊出生率は2005年に1.26となった。この年、女性の平均初婚年齢は28.0才となっていた。」と書くと、「女性が結婚する年齢が上がったことが原因で日本の合計特殊出生率は下がった」と書き手が考えていると読み取れます。

　こうして考えると「事実」と「意見」は簡単には区別できるものではないとわかります。よく見られる「事実と意見を区別して書きましょう」という助言は意味があるとはいえません。

　では、学術的文章における客観性はどのようにして守っていったらよいのでしょうか。学術的文章における客観性は、できる限り知識の出所をはっきりさせるという態度によって守られるのです。「知的創作活動の成果」を「知的財産」と呼ぶなら、誰が最初にそう言ったのかという、財産の「所有者」をはっきりさせることが学術的文章の客観性を守るのです。調査から得られた数字も誰がどのようにして得た数字であるのかをはっきりさせた上で用います。このことについては、既に引用の章で詳しく学びましたね。

アクティビティ

◉以下の文章から、「私語り」を削ってみて下さい。「私語り」を抜き取ると、議論に足りない情報が見えてくるはずです。どのような情報が必要ですか。

　①「〜式生活術」は、もうやめよう
　　書店に行き女性向けの文庫本コーナーに行くと、『〜式生活術』というようなタイトルの本がよくある。『イギリス式生活』『ドイツの主婦に学ぶ』『フランスマダムの暮らし』といったような題の本が売れているようである。お手本にされる国はヨーロッパが多いのではないか。
　　しかし、私はこうした風潮には大きな疑問を感じている。日本とヨーロッパでは風土も違うし、食べ物や文化も違うであろう。それなのに、なぜ、ヨーロッパの生活をお手本にしよう、という本がこんなに書か

れるのか、私にはわからない。日本にも日本の生活術があったのでは
ないだろうか。

　こうした「ヨーロッパ式生活の薦め」が流行るのは女性向けの雑誌
のせいかもしれない。私は女性向けの雑誌を読むことはほとんどない
のだが、欧米風のキッチンや部屋を美しく撮った写真であふれている
というイメージがある。

②英語を小学生の時に学ぶことが良いのか、と問われると、「うーん、
　微妙だな」と思ってしまう。確かに早い時点から外国語を勉強したほ
　うが良いのかもしれない。私だって、小学校で英語を習っていたら、
　今頃英会話学校に行かなくても良かったのかもしれない。

　しかし、私はやはり小学校から英語を勉強することが良いとは思え
ないのである。多くの人にとって小学校というのは、まだテストの点
にきりきりしなくても良かった幸せな時代なのではないだろうか。そ
んな子供時代に単語テストや文法テストをさせるということは本当に
良いことなのだろうか。もう一度考え直してみるべきなのではないか、
という気持ちが拭えない。

3.　読者に対する道案内

　考えのプロセスを記述することを避け、推測の表現も避けて「私語り」か
ら脱出できたとしましょう。今度は逆に、はっきりと「私」の存在を示さな
ければならない部分について考えましょう。「私」の存在を示さなければな
らない部分とは、積極的に読者を導く技法のことです。

　これから皆さんにお話をします。お話を聞いて、コミュニケーション
の形態が異なっている部分を指摘して下さい。
　「皆さんはお風呂に長くつかっているのが好きですか、それとも『か
らすの行水』と言われるような入り方が好きですか。これからお伝えす

るお話にも二通りのお風呂の入り方が出てきます。『とんと昔。かえる
と卵ととっくりがお風呂へ入りに行ったと。かえるは「かえろ、かえろ。」
と、飛び出したと。ところが卵は「たまたま来たんで、ゆっくり入ろう。」
と言ったと。とっくりも、「そうとも、そうとも、とっくりあったまっ
ていこう。」と、よーくつかっていたんだと。』さてあなたのお風呂の入
り方は誰に似ていますか。」

　文章には書き手が読み手に、〈直接語りかける〉箇所と、〈内容を介して語
る〉箇所があります。上の例では、お話を語る前と後に〈直接語りかけ〉て
いますね。「皆さんはお風呂に長くつかっているのが好きですか、それとも『か
らすの行水』と言われるような入り方が好きですか。このお話にも二通りの
お風呂の入り方が出てきます。」と「さてあなたのお風呂の入り方は誰に似
ていますか。」が〈直接語りかけ〉ている箇所です。一方、『　』に括られた
部分がお話という〈内容を介して語〉っている箇所ですね。
　学術的な文章においても、同様に、書き手が読み手に〈直接語りかける〉
個所と、話題になっている〈内容を介して〉書き手が読み手に語っている箇
所とがあります。書き手が読み手に〈直接語りかける〉箇所がここでいう「読
者に対する道案内」と考えましょう。
　では、「読者に対する道案内」は実際にどのような場面で行われるでしょ
うか。次のような場面が考えられます。
①章のはじめ（おわり）
②節のはじめ（おわり）
③文章中、論の内容が変わるとき（論が終わるとき）
④項目を立てて数え上げる前
⑤引用の前後

　以下に実例を示しましょう。

　①　第3章　研究方法
　　先の章では、「発展途上国における携帯電話の受容実態」に関する文

献を見た。本章では、実態調査が何を対象にどのような過程で行われた
かを記す。まず研究方法の概要を示した後に、調査対象を説明し、続い
て調査過程を説明する。

② 第4節　四国巡礼における「お接待」の実際
　第3節では、サンチャゴ巡礼におけるホスピタリティーの実際を報告
した。本節では、四国巡礼における「お接待」の実際を報告する。そし
て、次節で両者を比較しながら、日本人のホスピタリティーの本質を考
察する。

③　…お世話になっているすべての人に直接出向いて感謝の念を述べる
ことは時間的、物理的に不可能である。だから、お中元・お歳暮という
行為は、直接感謝の意を述べることを代替して時間を節約させる。この
点において「贈り手にとって有用」な習慣である。
　では、「売り手にとって」どのような有用性があるだろうか。お中元・
お歳暮は、商品開発の部門に寄与するばかりでなく、流通を多いに活気
付ける習慣である。

④　サンチャゴ巡礼におけるホスピタリティーと四国巡礼における「お
接待」を比較して大きく異なる点は、以下の4点である。まず1点目と
して、…2点目に異なる点は、…

⑤　こころと脳はちがうものなのか、という問いに対して加藤は次のよ
うに説明する。「時計は物質。でも時間は物質ではありません。パソコ
ンは物質。でもデータは物質ではありません。同じように、脳は物質。
でもその機能である、こころは物質ではありません。」（加藤忠史（2006）
『こころだって、からだです』（日本評論社），p.20）加藤は、「パソコン」
と「データ」の関係のように、「こころ」は「脳」の「機能」であると
説明している。

③、④、⑤では読者に対する道案内に当たる部分に波線を引きました。「道案内」をする際の方法の一つとして、疑問文を使うことをお勧めします。③はその例です。論の変わり目に疑問文を出すことによって、話題が変わることを効果的に読者に伝えることができます。

アクティビティ

◉短い新聞記事を一つ選び、その文章に「読者への道案内」を付け加えましょう。どこでどのような道案内をすることが効果的でしょうか。疑問文も使ってみて下さい。（段落の始めに道案内を出す作業をしていくうちに、段落の分け方を変えたくなる場面があるかもしれません。それは皆さんが「パラグラフ・ライティング」をよく身につけた証拠といえます。）

4. 理論的な背景を持って「私」を使う

　皆さんが勉強を進めていくと、やがて、研究論文や研究書のなかにも「私語り」を使っている場合があることに気づくかもしれません。特に人類学やある種の社会学のような分野で見かけるかもしれませんね。

　後ほど、［論文編］でも勉強しますが、社会科学の理論の中には「誰が研究したか」は非常に大切な情報であり、削るべきではない、という考え方もあります。しかし、こうした「私」の使い方は、理論を踏まえ、意識的に行われるものです。つまり、「私」について語ることが研究上意味がある場合にのみ行われるものなのです。

　まずは、「私語り」を抜きにして、論文を書く方法を身につけましょう。

チェックリスト

☐　「〜と思う」「〜ではないだろうか」「〜と主張したい」「読んでみると」「考えてみると」がない。

☐　章や節のはじめに「道案内」がある。

☐　文章の中で論が変わるときに「道案内」がある。

14

外来語と専門用語を扱う

外来語は氾濫していると思いますか。少し古い話になりますが、1999年に国立国語研究所は「白書、広報紙等における外来語の実態」調査を行い、外来語が氾濫しているという結論を下しました。(国立国語研究所、2000a、2000b) その調査結果からここにいくつかの質問をします。これら質問の答えを見ると、外来語は氾濫していると研究所が結論を下した理由がおわかりになると思います。

導入

①広報紙（新聞と一緒に配られる、市町村の情報誌です）で最もたくさん使われていた片仮名語は何と言う言葉だったでしょうか。

②白書で最もたくさん使われていた片仮名語は何と言う言葉だったでしょうか。

③広報紙、白書、新聞、雑誌、教科書、テレビ番組で、最も長い片仮名語は何文字だったでしょうか。

④次の言葉群は同じような意味を意図して使われていました。原語での意味の違いは何でしょうか。

 ❶「スクール」「カレッジ」「セミナー」「ゼミナール」

 ❷「カーニバル」「フェスティバル」「フェスタ」

 ❸「シンポジウム」「パネルディスカッション」
　「フォーラム」「コンベンション」

⑤次の言葉は説明なしで使われていました。何を指しているでしょうか。
DIY、TMO、AET、FC係。

⑥次の言葉は日本でアルファベットで示されますが英語圏の国では使わ

れていません。英語圏の国ではどのように表示されているでしょうか。
❶洋服のサイズ「SS」「S」「M」「L」「LL」
❷劇場の席「SS席」「S席」「A席」「B席」「C席」

　調査結果から、外来語は必要以上に使われていることがわかります。頻度として多いばかりでなく、意味の不表示、原語とのずれ、無自覚な使用などによって理解しにくい外来語が多いこともわかります。

1. 外来語使用の問題点

　では、外来語が氾濫すると社会でどのような不都合が起きるでしょうか。
①まず、高齢者の方々が困るでしょう。日本で英語教育を義務教育として受けた人の最高年齢は2020年現在で86歳です。その方々にとっては、「シルバー・コミュニケーション・センター」と言われても、それは私達が「クループ・スタールシフ」（ロシア語）と言われたのと同じでしょう。
②外国人とのコミュニケーションによくない影響が及ぶと考えられます。「サイキョウセン？」と聞く西洋の人に、駅で「ホーム！」と指をさしていた日本人を見たことがあります。西洋の人はきょとんとしています。「あっちのホームです。」と答えたつもりでしょうが、その西洋の人にとっては「家に帰れ！」と聞こえたのかもしれませんね。駅の「ホーム」は英語では「プラットホーム（Platform）」ですから。
③専門分野を超えた人同士のコミュニケーションが難しくなるという不都合があります。同じ分野の人同士では専門用語を使った方が話は早いでしょう。しかし専門分野を超えた仕事や研究をする人同士では話が通じなくなってしまいます。専門分野を超えた、統合的な（学問の世界では「学際的な」といいます）結果が求められる場合に言葉が障害になってしまうのは残念なことです。

2. 外来語をわかりやすい言葉に置き換える試み

　こうした不都合をできるだけ取り除こうという考えから、国立国語研究所では、外来語委員会を設置し、「分かりにくい外来語を置き換えよう」と提案してきました（国立国語研究所「外来語」委員会、2006a、2006b）。例えば、次のような言い換えが提案されています。「アクセシビリティー」→「利用しやすさ」、「オーガナイザー」→「まとめ役」、「ナノテクノロジー」→「超微細技術」、「レシピエント」→「移植患者」などです。

　全国の市町村の中にも、市民からわかりにくい外来語の置き換え語を募って公的文書の言葉を見直している所があります。

　外来語ばかりでなく、日本語全般において「やさしい日本語」で伝えようという提案もなされています（弘前大学人文社会科学部社会言語学研究室・佐藤2019）。高齢者や子供、非日本語母語話者のために、災害時や医療現場などで平易な言葉遣いをしようという提案です。

3. 外来語が有効とされる場面

　外来語が氾濫することは問題ですが、外来語の使用が有効な場面もあります。例えば、「日本語の意味のすきまを埋める」外国語をそのまま使いたい場面があるでしょう。その言葉にぴったりの意味をもつ日本語がないので、そのまま使った方がよいという言葉です。「コミュニケーション」「ジェンダー」などはその例でしょう。また、外来語が力を発揮するのは商用場面です。意味が知られていないので、「おやっ」と思わせるのに効果がある言葉があるでしょう。また、言葉の響きから爽やかさ、軽やかさなどの効果を狙っている場合もありますね。化粧品や車につけられている名前はそうした効果を狙ったものと考えられます。このように、「外国語を片仮名語として使った方がよい」という場合もあることは確かです。

◉次は、ある講座の紹介文です。片仮名で書かれた言葉がとても多く使われている文章です。必要以上に使われていると判断される片仮名語をわかりやすい言葉に置き換えましょう。

> まず、商品コンテンツから紹介したい。シリーズ群の特徴は、「無理なく始められ」、「楽しく継続でき」、「効果が上がる」の3ステップ。料金は1シリーズ当たり5000円からと、"良質なコンテンツを手軽に安く"をモットーに提供している。シリーズは以下の4カテゴリ、20シリーズを用意しており、それぞれのニーズに応じてシリーズを選択して利用できる。
> ●ベーシック系5シリーズ
> ●スタンダード系10シリーズ
> ●スペシャル系2シリーズ
> ●オールマイティ系3シリーズ
> さらに、スタッフは、ユーザーとのコミュニケーションを大切にすることをコンセプトにしている。フリートーキングというメリットを生かしてカテゴライズしたシリーズ群なのである。

4. 言葉を省略しない努力

　ここで、英単語の頭文字を並べた語について考えてみましょう。広報紙では頭文字を並べた言葉がたくさんありました。日本人よりむしろ、普段英語を使っているアメリカ人の方が省略をすることを避ける傾向にあるのではないかと思われます。

■練習問題

　「AC」と省略することのできる英語の言葉をできるだけたくさん挙げてみて下さい。

　たくさん挙げられましたね。アルファベットは26文字しかないので、省略してしまうと、考えられる候補語がたくさんあって危険です。（例えば、日本では以前、二つの会社が「JT」と呼ばれていました。「日本たばこ産業」と「日本テレコム」です。）語彙の豊富な人ほど、頭文字だけを残す省略を避けたくなることでしょう。こうしたことから、省略を避ける、省略をしたら原語を書き出すという心がけが大切なことがわかります。特に専門的な内容を専門外の人に伝えるときは注意が必要です。

　外来語や専門用語を使う際に、よりわかりやすくするために留意できることをまとめてみましょう。
①必要以上に片仮名語を使わない。日本語の「意味のすきまを埋める言葉」であるかどうかを考えてから使う。
②専門用語は読み手の専門性を配慮して使う。説明が必要だと判断した場合には次のような方法で用語の定義をすることができる。
　　❶本文中に意味を記述する。
　　❷注をつけて、注の中で意味を書く。
　　❸「序章」や「序」にあたる部分で用語の定義をする。
　　❹「用語集」をつける。
③英単語の頭文字を使った言葉には、初出時に（　）で原語を書き沿え、日本語の意味もつける。

アクティビティ
◉片仮名が比較的多く使われていると思う文章を選び、様々な背景をもつ人々にもわかりやすい文章に書き換えましょう。

◉卒業論文や修士論文の序論の一部分で用語の定義を行うと想定しましょ
う。あなたの論文の中のキーワードをいくつか選び、定義をしましょう。
箇条書きにするか、一段落ずつ使っての記述をしてみましょう。この場合、
想定する読み手は、指導教官、副査の先生、ゼミの先輩後輩、少し専門の
異なる同級生、としましょう。

チェックリスト

☐ 片仮名語が必要以上に使われていない。

☐ 英単語の頭文字だけを並べた言葉には省略していない原語が添えられて
いる。

☐ 専門用語を他分野の人に読ませる場面では用語の意味が説明されている。

●参考文献
国立国語研究所（2000a）『白書、広報紙等における外来語の使用実態　資料編』（国立国語研究所）
国立国語研究所（2000b）『白書、広報紙等における外来語の使用実態　本編』（国立国語研究所）
国立国語研究所「外来語」委員会編（2006a）『「外来語」言い換え提案　第1回〜第4回　総集編─
　　分かりにくい外来語を分かりやすくするための言葉遣いの工夫─』
国立国語研究所「外来語」委員会編（2006b）『分かりやすく伝える「外来語」言い換え手引き』ぎょ
　　うせい
「外来語言い換え最終案47語発表・国立国語研究所」『朝日新聞』（2003年11月14日朝刊　東京本社
　　版第37面）
弘前大学人文社会科学部社会言語学研究室・佐藤和之編（2019）『これさえあれば!! 「やさしい日
　　本語図鑑（カテゴリー対応）─掲示物の活用─』弘前大学人文社会科学部社会言語学研究室

15

推敲・校正をする

推敲の手順

①文章を序論部、本論部、結論部に区切ります。

②序論部の最も大事なメッセージと結論部の最も大事なメッセージを特定します。この二つに齟齬がないか、まずチェックします。

③規定文に下線を引きます。

④規定文中のキーワードを〇で囲んでください。

⑤全文を通してキーワード、およびその言い換えの言葉を〇で囲みます。複数のキーワードがある場合は色や形を変えるなどして、わかりやすくしてください。

⑥キーワードの全くないパラグラフはありましたか。

⑦あまり出てこないキーワードはありましたか。そのキーワードは大切なものですか。

Booth, Wayne C., et al. (2016) *The Craft of Research*, 4th edn. (Chicago: Chicago University Press pp.196–198) 参照。

1. 推敲の手順の意味

　上の一連の流れは、論文の議論がきちんとした構成とまとまりを持ったものであるかどうかを確認するためのものです。論理構成確認のテクニックの一つです。

手順①と②は、大雑把に構成を確認するものです。序論、本論、結論には、それぞれ決められた役割があります。読み返していて、どこまでが序論なのか、どこから結論が始まるのかわからないようなら、構成に問題があると考えてよいでしょう。

　手順③以降は、論文全体のまとまりを確認するために使います。もしもキーワードが一つも出てこないパラグラフがあるのであれば、そこで議論がとまっているはずです。また、どのキーワードがどの程度、どのパラグラフに出ているかを確認することで、議論のバランスもわかるはずです。例えば「日本において小学校から英語教育をすることには意味がない」という規定文の場合、「日本」「小学校」「英語教育」「意味」がキーワードですね。文章に「英語教育」が多く使われていても「小学校」（あるいは言い換えで「児童」「子供」「低年齢」などもはいるでしょうか）がほとんど出てこない場合、議論のバランスが悪い可能性があります。

　キーワードをチェックしていく方法は、「わかったつもり」で読み飛ばしてしまう論理の迷い道を探すために有効です。

　学期末のレポート程度でしたら、上の手順だけで十分ですが、卒業論文のように多少なりとも長めの論文を書くときには、上の手順をもう一度、章ごとに行う必要があるかもしれません。そういうときは、「論文全体の規定文からとったキーワード」と、「セクションの規定文からとったキーワード」の両方をチェックします。ペンの色を変えるなど工夫をするとよいでしょう。

2.　その他の推敲のコツ

　推敲のコツは「客観的な目で文章を読み直すこと」の一言に尽きます。上で紹介した他にもいくつか論理構成確認のテクニックがあります。

①友人に読んでもらう。読んだときに感じたことを指摘してもらうとよいでしょう。「なるほど」であるとか、「？」であるとか、「つまり〜ってこと？」など。

②自分で音読する。人間が黙読するスピードは大人であれば、音読のスピー

ドより随分速いものです。自分が書いた文章ならば、内容がわかっている
分、なおさらです。本来は他の人に読んでもらうのが一番ですが、自分で
音読をすることによってスピードを下げることができます。
③提出日より早く書き上げ、「寝かせる」。時間が経てば、自分の書いた文章
も客観的に読み直すことができるようになります。気づかなかった論理の
トビも見えやすくなるはずです。

　特に友人に読んでもらうことは推敲をしていく上で非常に有効です。学術
論文の決まりごとを知っている人であれば分野が多少違っていてもかまいま
せん。吉野はイギリスで英文学の博士論文を書いている間、日本文学を専攻
するイギリス人の友人と原稿を交換したものでした。先生に見てもらう前に
友人に目を通してもらうと、それだけで論文の完成度がかわってきます。ぜ
ひ、原稿を読みあえるような仲間を作ってください。

3.　校正をする

　推敲が、論理の展開や文章のわかりやすさをチェックすることであるとす
れば、校正は誤字や脱字、表記のゆれなどをチェックすることです。推敲で
は構造上の問題を指摘しますが、校正を行う場合、すでに論理や構成はチェッ
クされているものと考えます。
　校正するにあたって気をつけなければならないことは、コンピュータ・ソ
フトの影響です。ワープロソフトを使って文章を作成すると、しばしば誤変
換が起こります。手書きの文章と違い、コンピュータのスクリーン上では、
誤変換に気づきにくいので注意しましょう。多少長くても、印字してからチェッ
クしたほうが良いようです。
　とはいえ、コンピュータを使うメリットもあります。現在のコンピュータ
のワープロソフトには、通常校正用のツールが組み込まれています。最終的
に頼りになるのは人間の目ですが、大いに活用しましょう。ワープロソフト
の校正ツールには下のようなものがあります。

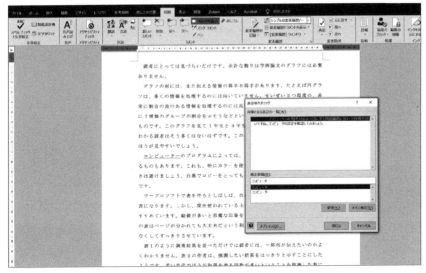

図5　表記ゆれチェックの例

①表記ゆれチェック（マイクロソフト Word の場合「ツール」→「表記ゆれチェック」）「ジェームス」と「ジェームズ」、あるいは「わかる」と「分かる」のように同じ名前や言葉を違う表記にしてしまった場合、コンピュータが自動的にチェックしてくれます。詳しい設定は（マイクロソフト Word の場合「ツール」→「オプション」から、「スペルチェックと文章校正」のタブを選択します。）

②検索・置換（マイクロソフト Word の場合、「編集」→「検索」あるいは「置換」）

例えば、何か言葉を一貫して間違えて使ってしまった場合など、手作業で探すよりも早く、単語を見つけることができます。

「ヒーリング」という言葉を使っていたが、「癒し」という言葉に一貫して変えたい、というような場合には「置換」機能が便利です。これも、原稿を通して、単語を置き換えてくれます。

ここでは一般に普及しているマイクロソフトの製品を例に挙げましたが、一太郎のように広く使われているワープロソフトには、基本的な校正ツール

がついていることが多いものです。

　人間の目では見落としがちなミスをチェックしてくれるこれらの機能は便利です。人の目と組み合わせて使いましょう。

●参考文献
Booth, Wayne C., et al. (2016) *The Craft of Research*, 4th edition. (Chicago: Chicago University Press)

●

論文編

01

学術論文とは何か［文献研究］［実証研究］

　次の項目のうち、学術論文が必ず持っていなければならない性質はどれでしょうか。

①理論が提唱されている。
②10以上の参考文献を持つ。
③新しい発見がある。
④先行する研究を踏まえた新しい発見がある。
⑤注がある。
⑥実験が含まれる。
⑦文字か映像で発表されている。
⑧審査を通過している。

1.　学術論文とは何か

　学術論文は、「先行する研究を踏まえた新しい発見」を「書いて公に発表した」ものです。これら二つの性質を見て分かるように、学術分野は個々の新しい発見が積み上げられて分野全体で進んでいきます。その意味で学術論文は、研究者同士のコミュニケーションの手段であると言えます。単に自分の仕事の成果を発表する学習発表とは異なります。

2. 人文社会科学系学術研究の種類

　では、学術研究にはどのような種類があるのかをみていきましょう。ここでは主に人文社会科学系の学術研究について学びます。

●人文社会科学系　学術研究の分類

研究目的の分類
　　理論構築、モデル構築の研究 (theory making)
　　理論検証、モデル検証の研究 (theory testing)
　　　　　　　　　仮説検証 (hypothesis testing) を含む
データ収集法の分類
　　文献研究（literature-based study）
　　実証研究 (empirical study)
　　　　　実証研究における研究者と対象者の関係
　　　　　　実験的 (experimental)
　　　　　　準実験的 (quasi-experimental)
　　　　　　自然的 (naturalistic)
データ分析法の分類
　　数量的研究、定量分析 (quantitative study)
　　質的研究、定性分析 (qualitative study)
研究対象の分類
　　大規模な調査 (survey)
　　比較研究 (comparative study)
　　事例研究 (case study)

2.1. 研究目的の分類

　研究をする目的は、理論を新しく構築する場合とすでにある理論を検証する場合とに分けられます。理論を検証する場合、「現存する理論には修正が必要であることが明らかになった、このように修正することを提案する」と、代替案を出すことがあります。

2.2. データ収集法の分類

　データ収集の方法は、「文献研究」と「実証研究」に分けられます。本書では、データ収集の方法によって二つの学習経路を作りました。

　「文献研究」とは、資料を集めて机の上だけで研究を行う研究のことと考えて下さい。それに対し、「実証研究」は、何らかの体験を伴う研究のことです。現場に出かけていって観察をしたり、人と会って話をしたり、カメラを持っていって映像を撮ったり、などの体験です。言葉を換えると、「実証研究」では第一次資料を自分で作成します。「実証研究」であっても、先行する研究を踏まえて行われるので資料を集めて分析を行う場面はあります。

　「実証研究」におけるデータ収集法を更に分類すると、「実験的」「準実験的」「自然的」となります。「実験的」とは、あの有名なパブロフの条件反射の実験のように、「条件を統制した状況」の中で観察や測定を行って結果を出す方法です。それに対して「自然的」とは、「条件を制御しない状況」の中で観察などを行う方法です。現場（フィールド）に出かけて、そのままの状態を観る、人に会ってその人から話を聞くなどの方法です。

　「実験的」と「自然的」は、切り離された二つの性質ではなく、一つの連続した概念だと考えましょう。つまり、「条件を一部だけ制御した状況」を作ってデータを収集する場合もあるのです。これが「準実験的」な方法です。例えば、ある女子学生にいつもと違ってお化粧をまったくせずに一日大学へ行ってもらい、一方いつもお化粧をしない学生にしっかりとお化粧をして一日大学へ行ってもらい、双方に後でインタビューをする、というデータ収集をしたとしましょう。制御した条件は、「お化粧をするかしないか」だ

けであとはいつもと同様の学生生活をしてもらいます。ですからこれは「準実験的」な方法です。

ところで、アンケートをとったりインタビューをしたりするのは「自然的」なデータ収集法でしょうか。アンケートやインタビューは、通常「自然的」と分類されます。しかしながらアンケート調査に協力をしたりインタビューに答えたりすると、その事柄に対する協力者の認識は前とは異なったものになることは考えられます。少なくとも、その事柄が研究の対象になっていることを知って以前よりも意識が強く向けられるようになるでしょう。ですから、「自然的」とはいってもまったく協力者に影響を及ぼさないわけではありません。しかし変化させることを意図して仕組んでいるわけではないので「自然的」とみなします。

同様の論点は文化人類学などのフィールド調査における「観察者の位置」にも示されます。自然のままの姿を観察しようとしても、観察をすること自体が観察対象者に影響を及ぼさざるを得ないので、それをどう考えたらよいかということが議論されてきました。観察者が対象者の中にどれくらい入り込むかの程度によって「観察者の位置」を分類しようという提案もあります。例えば、ゴールド（Gold, 1958）は、質的研究方法における研究者の位置を次のように四つに分類しています。①完全な観察者、②参加型観察者、③観察型参加者、④完全な参加者。マーシャルとロスマン（Marshal & Rossman, 1995）は、「完全な観察者」と「完全な参加者」の間に、あらゆる程度の違いが連続的に存在すると述べています。観察者がフィールドの中に参加してかなり影響を及ぼしたとしても、条件の制御を意図的に行わなければ「自然的」なデータ収集法とみなします。

2.3. データ分析法の分類

　データ分析の種類によって研究を分けると「数量的研究」と「質的研究」になります。双方の違いは、統計処理をするか否かで決められます。収集したデータを統計処理して結果を出しているものは「数量的研究」、統計処理をせずに結果を出しているものは「質的研究」です。

　数量的か質的かという性質は、相反するものではなく、共存できる関係です。ですから、双方が組み合わされた研究もあります。例えば、日本のサラリーマンが一日に何時間睡眠をとっているか，その睡眠時間は通勤時間と相関関係にあるかどうかを調べたいと思ったら、大勢の人の睡眠時間と通勤時間を収集してデータを統計処理するでしょう。さらに、サラリーマンが自分の睡眠時間を足りていると思っているかどうか、や睡眠時間と通勤時間との関連を意識しているかどうかを直接本人に聞いて調べたいと思ったら、その中の一部の人にインタビューを行うことになります。そうするとこの研究では、「行動」が統計によって明らかになり、「意識」がインタビューによって明らかになるでしょう。このように数量的分析と質的分析とを組み合わせた研究もたくさんあります。ここでは扱いませんが、数量的分析については、優れた書籍が多数あります（小島，2006、栗原，2011、東京大学教養学部統計学教室，1991）。

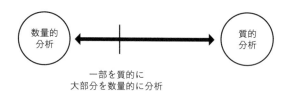

　今田編（2000）『社会学研究法』には、「これまでの科学の歴史を整理すると、研究法は大きく3つに分類できる」（p.4）とし「数理演繹法」と「統計帰納法」と「意味解釈法」を挙げています。

2.4. 研究対象の分類

「大規模な調査」、「比較研究」、「事例研究」が挙げられます。

「大規模な調査」は例えば、国勢調査、NHK の電話による世論調査、選挙の時に行われる出口調査などが代表的です。何万人、何千人、あるいは何百人かを研究対象とします。何人以上なら「大規模な調査」と言えるのかという質問をよく受けますが、分野、テーマ、調査の目的によりけりです。400人を対象としたのでは「世論調査」とはいえないでしょうし、大学の卒業論文で、卒業生150人に対して就職に関する追跡インタビュー調査をしたとしたらそれは「大規模な調査」と呼んでも差し支えないでしょう。

「比較研究」とは、ある観点から複数の対象を比べる研究です。二つの対象を比較する研究もあれば、7、8の対象を比較する場合もあるでしょう。「ある観点」から比較をしているので、何らかの共通点を持った対象を比較することになります。

「事例研究」は、個別性、固有性を理解するために行う研究です。単独の対象について研究する場合もありますし、複数の事例を取り上げる場合もあります。複数の事例が集まっても、それら個々の事例の固有性を調べるための研究であるなら「比較研究」と呼ばないで「事例研究」と呼びます。「事例研究」を「ケース・スタディ（case study）」と呼ぶ分野もありますね。

3. 研究業績の学術的価値

学術論文などの研究業績には、学術的価値という観点からみた「格付け」があります。

まず研究は、どのような形で発表されるでしょうか。

①査読付き論文…多くの論文雑誌（ジャーナル）に掲載されている論文

②研究報告書…科研費報告書（文部科学省研究助成費によって行った研究報告書）、政府調査報告書など

③本…学術的なものから一般的なものまでいろいろある

④査読の付かない論文…一部の大学紀要、記念論文集などに収められた論文
⑤研究記事…「資料」「研究データ」「研究ノート」
⑥新聞記事、雑誌記事

　①の説明にある「論文雑誌」とは、学会や研究所が定期的に発行する論文集のことです。多くの学会では、審査を通過した論文だけが論文雑誌に掲載されるという制度をとっています。この審査過程のことを「査読」といいます。「レフリー」ともいいます。学術論文の条件として第一に挙げられるものは新しい発見があるということでしたね。どの程度新しい発見といえるか、その新しい発見はどのように分野と社会に貢献できるか、などの観点から審査を行うのです。ですから、学会から発行されている論文雑誌に掲載されている論文を読むことは、その分野での最先端の情報を得ることです。

　②で、文部科学省科学研究費の助成を受けた研究も、審査を経て、応募された中から価値があると認められた研究です。

　本は、査読付き論文と同等の学術的価値があるものから、雑誌記事のように一般的なものまでいろいろあります。本は、「新しい発見でなくてはならない」というものではありませんから、すでに発表された論文が集められているものもあります。博士論文などの大きな研究成果を単独でまとめたものは学術的価値の高いものです。

　欧米では研究者の業績を測る際に、何といっても査読付きの論文が重視されます。研究者の数が多い分野では特に競争率が高くなるためだと考えられます。著名な大学の出版部から出された本も同等の価値を認められます。日本では、分野にもよりますが単独の著書に価値が置かれる傾向にあります。

　④の論文雑誌集の中には、査読を行わずに論文を掲載するものがあります。また、論文を応募せずに依頼して集める論文雑誌集もあります。大学の紀要には査読を行うものと査読を行わないものとがあります。

　⑤の研究記事は、論文としての内容や形ではなく、その初期的な段階や結果の部分を掲載したもののことです。学術的な論文雑誌ではない冊子に、定期的に研究に関する記事を載せている場合などがあります。

　⑥の新聞記事や雑誌記事は、「評論」と呼ばれて、学術的な論文や本とは

区別されます。

アクティビティ

◉あなたの研究分野における論文雑誌（ジャーナル）を4冊挙げましょう。
それぞれの論文雑誌がどの学会から発行されているか、年に何回、何月に
発行されているかを調べましょう。

　発行月に、日を決めて、論文雑誌に目を通すことをお勧めします。分野
における最先端の情報を常に持っているようにしたいものです。

（大学院生向きのアクティビティ）

◉自分の興味や関心に近い論文を三つ選んで、その論文の「研究の種類」を
読み取りましょう。
　①研究の目的は
　②データ収集法は
　　　実証研究の場合は、研究者と対象者の関係もみましょう。
　③データ分析法は
　④研究対象は

●参考文献
今田高俊編（2000）『社会学研究法―リアリティの捉え方』（有斐閣出版）
小島寛之 (2006)『完全独習 統計学入門』（ダイヤモンド社）
栗原伸一 (2011)『入門 統計学―検定から多変量解析・実験計画法まで―』（オーム社）
東京大学教養学部統計学教室（1991）『統計学入門（基礎統計学Ⅰ）』（東京大学出版会）
Gold, R. L. (1958) Roles in social field observations. *Social Forces*, 36, 217–223
Marshall, Catherine, and Gretchen B. Rossman (1995) *Designing Qualitative Research*. Thousand
　　Oaks, CA: Sage.

02

文献研究と実証研究の
性質と選択、論文の構成

［文献研究］［実証研究］

導入

　次の研究は「資料をもとに新たな発見をしようとしている」（「文献研究」）でしょうか、それとも「何らかの実体験を通して新たな発見をしようとしている」（「実証研究」）でしょうか。

①〇〇製薬の新作シャンプーは非常に売れているが、広告に何か秘密があるかどうか。

②〇〇自動車には環境に配慮したイメージがある。一体なぜなのかを△△自動車と比較することで調べたい。

③〇〇製薬の新作シャンプーについて、若い女性たちはどう思っているのか。

④日本人が持つ、中国人のイメージを知りたい。

⑤日本の漫画に中国人がどんな役割で登場してくるのか知りたい。

1.　文献研究とは何か

　文献研究とは既に存在している資料をもとに、新たな発見を導き出す研究手法のことです。

　「文献」研究、と大きくまとめますが、資料の中身は本や論文ばかりとは

限りません。過去のニュースや録音、写真や絵画、最近ではインターネット上の資料なども広義の「文献研究資料」です。

　知りたい問いの答えを直接調査するわけではないので、文献研究には二つの能力が必要不可欠です。まずは「重要な資料を探し出し、選別する能力」です。そして二つ目は、「資料の組み合わせから新たな理解や発見にたどり着く能力」です。

1.1.　先行研究のまとめは「文献研究」ではない

　先行研究をおさえるのは研究の基本の基本です。だから、時々先行研究を読むことを「文献研究」だと思ってしまう人がいます。けれども、「研究」は、常に新しい発見をするものでなくてはなりません。先行研究をどれだけ読んで、どれだけ手際よくまとめても、残念ながら、それは「研究」ではないのです。そこにあるのは「すでに誰かがしてしまった発見」だからです。

　こう書くと「だけど、もう出版されているものをいくら読んでも、新しい発見なんてできませんよ」といいたくなるかもしれません。この考え方には間違いが二つあります。

　まず、前にも言いましたが「文献研究の対象は必ずしも〈出版されたもの〉には限らない」ということを挙げましょう。個人の日記や手紙、メモも研究資料になりますし、企業の企画書や、会議録なども、場合によっては研究資料になります。まだ誰の目にも触れていない資料を探し出すことができれば、それ自体が新しい発見ですね。

　もう一つ、もっと大きな間違いは、「すでに存在するものを用いて新しい発見はできない」とういう思い込みです。文献は組み合わせと着眼点で様々な解釈の可能性を与えてくれます。

　例えば、「AB企業のA社長はすぐれた指導者であった」と絶賛する本が何冊もあったとします。けれど、よく調べていくと、それらの本は全てA社長の親戚が書いたものかもしれません。あるいは、全くAB企業のことには触れていないかもしれませんが、A社長と親交のあったFさんの自伝に「Aさんはワンマンだ」と書いてあるのが見つかるかもしれません。このよ

うに読んでいる文献が少ないだけで、理解が一面的になってしまうことがあります。あちらこちらにある断片的な情報をつなぎ合わせると、驚くような新事実が出てくるかもしれないのです。

1.2. 文献研究の特徴

文献研究は以下のような研究に向いています。
①歴史的な研究。特にすでに生存者のいない過去の研究。
②諸事情で現地に行くことの難しい場所の研究。
③物事の〈描かれ方〉に焦点を当てるような研究。

1.3. 選択のポイント

実証研究であれば、きちんとリサーチデザインができていれば必ず何らかの結果が出ます。ところが、文献研究の場合、資料がないと書けることが大幅に制限されます。しばしば見られる勘違いは「図書館の中だけで研究できる文献研究は楽だ」というものですが、文献研究においては「必ず独自のことが言える」保証はありません。そういう意味では、「この研究をするぞ」と決める前の下調べを十分にすることが肝要です。

1.4. 量的に調査する場合

文献研究は通常、質的な内容分析を主としますが、テーマによっては量的に調査することもあります。例えば、ある人物が新聞に登場する回数がどのくらいなのか、年度によって違いはあるのか、といった調べ方をする場合や、小説全体で最もよく使われる単語を調べる、というような場合です。

1.5. 文献研究の論文の構成

文献研究の論文は一般に次のように構成します。

●文献研究の論文の構成

（要旨）Abstract
　　　論文全体の要約（研究の目的、方法や理論、資料、結果、結論など）
（目次）Table of Contents

序論　Introduction
　▲　研究のテーマとその範囲、
　◎　研究の目的、
　▲　先行する研究と本研究との関係、
　◎　使用する資料、
　◎　論文の構成

本論　Body（いくつかの章）
　◎　研究の結果と解釈
　Ⅰ
　Ⅱ
　Ⅲ
　〜

結論　Conclusion
　◎　研究結果まとめ
　◎　結果に関する考察
　▲　先行研究との関係から言える点／社会との関係から言える点
　▲　今後に向けて（残された課題）

注記　Footnotes（本文の終わり、または各章の終わり、または各ページの
　　　　　終わりに）
参考文献　References / Bibliography
資料　Appendices

2.　実証研究とはどのような研究か

「既に存在している資料をもとに、新たな発見を導き出す研究手法」が「文献研究」であるならば、「実証研究」は「何らかの体験をもってデータを作り出し、新たな発見を導き出す研究手法」であるといえるでしょう。言葉を変えると、現実をとらえるために、まだ資料となっていない部分を自分で資料に作っていく作業だともいえます。つまり、現場に赴いて実際に観たり聞いたりする、写真やビデオに納める、実際に人と会って話を聞くなどの実体験を通して新たな発見を導こうとする研究手法です。

2.1.　実証研究の有効性と難しさ

実証研究は、「生」のデータを集めるため、研究に独自性を出しやすくなるという特徴があります。例えば、まだ誰も調べていない場所や機関に赴いて、独自の観点から観察をすることができます。あるいは、まだインタビューを受けたことのない人と会って誰も聞かなかったことを聞くことができます。このように「生」のデータを作り出すところから出発することができるので、新しい素材が集まりやすいわけです。新しい素材を集めて、さらに独自の解釈をすることができたら、とても新しい発見となるでしょう。

その一方で、そうした手法を使って集めたデータが本当に現実を捉えているのかという問題が常にあります。観察の観点が偏っていて現実の一面しか観ていないのではないか、観察の観点が少なくて全体を捉えていないのではないか、インタビューの相手が研究目的を追究するにふさわしくないのでは

ないか、インタビューでの聞き方が強引すぎたのではないか、など、データ
の集め方に関する問題がたくさんあります。これらの問題を最小限に抑える
ために、研究の方法をよく考えなければなりません。

2.2. 実証研究の論文の構成

　では、実証研究の論文はどのように構成したらよいでしょうか。一般に次
のように構成します。

───────────────────────────────

●実証研究の論文の構成

（要旨）Abstract
（目次）Table of Contents
（表のリスト）List of Tables
（図のリスト）List of Figures

▲　I　序章 Introduction
　　　研究テーマは何か。研究テーマの範囲はどこまでか。研究テーマ
　　　にはどのような背景があるか。なぜこの研究テーマは重要なのか。
　　　（テーマと社会問題との関連性、テーマを選んだ動機、経緯など。）
◎　II　研究の目的 Research Objectives
　　　具体的に何を発見したいのか。（細分化した研究の問い。）
▲　III　先行研究 Review of Relevant Studies / Literature Review
　　　この研究がこの学問領域においてどのように新しいか。（先行研究
　　　がこのテーマについて発見したことは何か。残されている課題は何
　　　か。）
◎　IV　研究方法 Methods / Methodology
　　　どうやって研究をするのか。
◎　V　研究結果 Results / Analyses

研究をしたらどうなったか。

◎　Ⅵ　考察 Discussion
　　　研究結果をどう解釈するか。（研究目的は達成されたか。方法に問題はあったか。）

▲　Ⅶ　結論 Conclusion
　　　この研究は学問領域、実社会にどのように貢献するか。（この研究の限界は何か。今後に残された問題は何か。）

注記　Footnotes（本文の終わり、または各章の終わり、または各ページの
　　　　　　　　　終わりに）
参考文献　References / Bibliography
資料　Appendices

　章につけられた「▲」と「◎」は、章に与えられた役割を表しています。「▲」がつけられた章には、全体から見た「研究の位置」を説明する役割があると考えましょう。「◎」がつけられた章には、「研究の内容」を説明する役割があると考えましょう。あなたの「家の位置」を説明するときは、例えば次のように言うでしょう。「家は、街全体の中で西寄りにあり、駅から西に延びる道を300メートルほど進んだ北側にある。」などと。「家の内容」は、例えば、「二階家で、一階には右角に玄関、玄関の横にリビング、二階には寝室が三つある。」などと説明するでしょう。同様に、「研究の位置」を説明する章では、分野全体から見て自分の研究がどこに位置するかを説明します。「研究の内容」を説明する章では、自分の研究の中身そのものを説明します。

　上の章立ては、最も細かく章を作った場合の例です。修士論文や博士論文は上のような形にすることが多いでしょう。論文雑誌などに載せる論文では、紙面の都合もあり、もう少し章をまとめることが多くなります。研究の内容によっても章を報告しやすい形でまとめることがあります。

　章立てをより簡略にしたい場合には、次のように章と章を合わせることが

できます。①Ⅰ序章とⅡ研究目的を合わせて「序章」あるいは「研究目的」
とする。②Ⅰ序章とⅡ研究目的とⅢ先行研究を合わせて「序章」あるいは「目
的と背景」などとする。③Ⅴ結果とⅥ考察を合わせて「結果」あるいは「結
果と考察」とする。④Ⅵ考察とⅦ結論を合わせて「考察と結論」あるいは「結
論」とする。⑤Ⅴ結果とⅥ考察とⅦ結論を合わせて「結果と考察」あるいは
「結論」とする。本書では、①を採って、「序章」と「研究目的」をあわせて
「序章」と呼ぶことにします。

```
┌─┌ Ⅰ  序章
│ └ Ⅱ  目的
└  Ⅲ  先行研究
   Ⅳ  方法
┌─┌ Ⅴ  結果
│ ┌ Ⅵ  考察
└─└ Ⅶ  結論
```

アクティビティ

● ジャーナルなどから研究論文を三編選び、それぞれがどのように章立てさ
  れているかを調べましょう。章の題を書き抜きます。専門分野によって章
  構成は重なっていますか。専門分野の異なる人と比較してみましょう。

03

テーマの選択 ［文献研究］［実証研究］

　最初の段階では、「日本人の食生活について」、「若者のノアッション
について」、「コミュニケーションについて」など、「〜について」といっ
た漠然としたテーマが頭にあるという人が多いのではないでしょうか。
「〜について」という漠然としたテーマを、研究の目的として設定する
には、発見したいと思うことを疑問文の形で書き出すと有効です。ここ
では、疑問文の形で書き出した、発見したいと思うことを「研究の問い」
と呼ぶことにしましょう。

　次の問いのうち、研究の問いとしてふさわしいものはどれでしょうか、
ふさわしくないものはどれでしょうか、またそれはなぜですか。

①恋愛の告白は、どこでいつ行われたか。
②なぜコンビニのおにぎりは留学生にも人気があるのか。
③独り暮らしの学生はご飯党かパン党か。
④食事をしながらだと話の内容の伝わり方は変わるか。
⑤家で着る洋服「家着」は着る人の性格によって異なるか。
⑥人は何枚パンツを所有しているものなのか。
⑦女子の就職活動でパンツスーツよりスカート着用者が多いのはなぜか。
⑧忙しい人は、どのように疲労を解消しているか。
⑨衣服にかける費用は恋人、夫、妻の有無で変化するか。
⑩恋人同士は、本当に以心伝心できるのか。
⑪お弁当屋さんはなぜ女性に人気があるのか。

⑫一こまの授業が90分間というのは合理的か。

⑬学部によって学生の昼食費は異なるか。

⑭スーパーの試食コーナーで試食した人のうちどのくらいの人が
その商品を買うか。

⑮江戸時代の女性のエコロジーはどのようなものだったのか。

⑯日本の漫画は中国をどのように描いてきたか。

1. 適切な「研究の問い」

研究の問いにふさわしい条件を整理すると以下のようになります。

①特定されている。

曖昧な概念が含まれていたり視点や内容が特定されていないままになった
りしていない。

②一重の問いである。

確認されていない前提を含まない。

③検証可能である。

測定できない事柄や判断できない事柄を調べようとしていない。資料が
残っており、与えられた時間内に確認できる。

④擬似相関を問うていない。

二つの要因の関係性を問題にする場合は相互に相関関係があることが確認
されている。因果関係が成立していることが確認されている。

苅谷剛彦は、適切な問いが立てられるということは、「知的思考法」の基
礎であると述べています。そして、問いを立てる際には「因果関係を問う」
ことや「擬似相関を見破る」ことが大切であると主張しています。（苅谷,
2002, pp.176-246）また、ダレル・ハフはいろいろな調査の例を挙げて、世
間で発表されている数字がいかに作為的に操作されているものであるかを訴
えています（ハフ、1985）。

アクティビティ

◉次のテーマが与えられたと仮定して、それぞれについて三つずつ研究の問
いを立ててみましょう。発見したいと思うことを疑問形の一文で書き表し
ます。それを互いに交換して、前頁の四つの条件を満たしているかを確認
しましょう。四つの条件を満たしていない場合は、修正してみて下さい。

テーマA　コンビニ
テーマB　交通
テーマC　余暇
テーマD　手
テーマE　話す

2.　問いの細分化

適切な研究の問いが立てられるようになりましたか。

では、研究の問いを更に具体的にしていく作業をしましょう。自分が知り
たいと思うことを疑問文で言い表した問いを「全体の問い」と呼ぶことにし
ます。今度はこの「全体の問い」を細分化して「細かい問い」を作ります。

例えば、全体の問いとして「人は何枚パンツを所有しているものなのか。」
と立てたとします。この問いを更に細かくした問いとして次のようなものが
考えられます。「所有する枚数は、男女で違いがあるか。」「あるとするとど
のような理由から違いがあるのか。」などです。「所有する枚数は、男女で違
いがあるか。」は実態を調べようとする問い（いわゆるwhat質問）、「どの
ような理由から（男女の枚数は）違いがあるのか。」（why質問）は理由を
調べようとする問いです。

全体の問い「人は何枚パンツを所有しているものなのか。」
　細かい問い「所有する枚数は、男女で違いがあるか。」
　細かい問い「あるとするとどのような理由から違いがあるのか。」

134

全体の問い「スーパーの試食コーナーで試食した人のうちどのくらいの人がその商品を買うか。」はどうでしょうか。「試食コーナーに販売員がいる場合といない場合とでは差があるか。」（いわゆるwhat質問）「試食をした人はどのようにして買うか買わないかを判断しているか。」（how質問）などの細かい問いが立てられるかもしれません。

　　全体の問い「スーパーの試食コーナーで試食した人のうちどのくらいの人がその商品を買うか。」
　　細かい問い「試食コーナーに販売員がいる場合といない場合とでは差があるか。」
　　細かい問い「試食をした人はどのようにして買うか買わないかを判断しているか。」

　これら細かい問いも、全体の問いと同様に、明確で前提がなく、検証可能で、擬似相関のない問いである必要があります。

アクティビティ

◉先に立てた全体の問いを適切な細かい問いに細分化してみましょう。

◉卒業論文や修士論文のテーマを決めましょう。「問い」の形に書き、研究の問いとして適切であるかどうかを検討しましょう。

●参考文献
苅谷剛彦（2002）『知的複眼思考法』（講談社）
ハフ, ダレル（Huff, Darell）（1985）高木秀玄訳『統計でウソをつく法』（講談社）

04

領域の下調べをする [文献研究]

1. 下にあげた言葉の説明をしてください。

　　① CiNii
　　② Google Scholar
　　③ JSTOR
　　④ MLA
　　⑤ Google Books
　　⑥ J-Stage

2. レファレンス資料とはどのようなものですか。

　前章では、研究のテーマを決めました。ところが、文献研究の場合は、「資料がどの程度あるか」が鍵となるため、「このテーマでいこう」と決めてからも、下調べをします。そして資料があることを確認して初めて、そのテーマで論文を書くことを決めるのです。「調べたいことを決めて」→「計画を練り」→「調査して」→「分析する」というような形にすっきりと収まらないのが文献研究の難しいところです。実証研究では、全体の問いが決まった段階で、問いを細分化することができますが、文献研究の場合は、関連領域の下調べに入るのが普通でしょう。どのような研究がなされているのか、どのような資料が入手可能なのか、調べながら、問いを細分化していきます。

1. 調査の道具を知る

　上のような質問をした理由は、皆さんが、どのように普段「調べもの」を
しているか知りたかったからです。インターネットを使った検索は得意で
も、学術関係の検索エンジンやデータベースは意外と知らなかった人が多い
のではないでしょうか。導入の 1. であげた六つの言葉は全て、検索エンジン、
あるいはデータベースの名前です。どのくらい知っていたでしょうか。

　CiNii は国立情報学研究所が公開している学術情報ポータルサイトです。
日本語での様々な研究成果や書籍、論文などを検索することができます。

　Google Scholar は Google が提供しているサービスの一つです。学術情報
のみをインターネット上から拾ってくれます。インターネットは情報の宝庫
ですが、必ずしも選択された情報というわけではないため、正確さを求める
ときには少々苦労します。Google Scholar はその点、研究論文などに検索
結果を絞ってくれるため、論文を書くときや調べ物をするときなどには比較
的使いやすいといえるでしょう。

　JSTOR は、英語による雑誌論文や記事が検索、及び全文ダウンロードで
きるものです。非常に便利ですが、残念ながら、誰にでも同じように使い
やすいとはいえません。例えば、最新の論文は検索できません。出版から
JSTOR による閲覧までには 1 − 5 年程度のずれがあります。所属する大学が
契約者でないとダウンロードはできません。大学によっては JSTOR とは契
約していても、提供されている全ての学術誌と契約をしているわけではあり
ません。しかし、検索だけは誰でもできますから、どのような記事があるの
か調べる、という使い方もできます。

　MLA (Modern Language Association) は、アメリカにある文学や言語学
系の最大の学会の名前ですが、論文のデータを集めた書誌 (bibliography) を
発行しています。またスタイルガイドも発行していますね。［文献編］で勉
強したのは MHRA ですが、MLA もまた、広く使われているスタイルガイ
ドです。Google Books は、出版されている本の内部を検索してくれるサー
ビスです。全ての書籍が網羅されているわけではありません。しかし、学術

書は比較的多いようです。また、著作権が既に切れた書籍をどんどん加えているようです。J-Stage は国立研究開発法人科学技術振興機構（JST）が提供する日本の論文データベースです。このほかにも学術目的のデータベースは数多くあります。インターネットの発展とともに、全文ダウンロードが可能なものもますます増えています。意識して情報を集めてください。

　導入の2. は、図書館を使ってするリサーチの基礎事項を知っているかどうかを問うものです。レファレンス資料とは、調べ物をするための道具とも呼べる資料のことです。網羅的に様々な情報を集めた百科事典や、特定の事項に関わる書物の情報を集めた書誌、特定の分野のみを扱う事典など、様々なものがあります。自分の研究分野でよく使われるレファレンス資料にはどのようなものがあるのか、そして、図書館のどこにレファレンス資料コーナーがあるのか、リサーチを始める段階で確認しておきたいものです。

　リサーチのための道具を良く知っているのはなんといっても、皆さんの先生と、図書館のスタッフです。大学図書館にはしばしば「レファレンスカウンター」があります。そこでは調査をしているときにぶつかる難問にスタッフの人が手を貸してくれます。「このようなレファレンス資料を使ったらどうだろう」「それを知りたいのだったら、この年鑑がよいだろう」のようにアドヴァイスをくれます。もちろん、調査をするのは皆さん自身ですから、全てレファレンスカウンターの司書さんに頼るのは問題ですが、「自分で思いつくことは全て調べたのに、答えが見つからない」ときには、ためらわずに相談してみると良いでしょう。

　吉野は博士論文を書いていた時、使用したい資料が他の町の図書館にしかなく苦労したものでした。ある日、指導教員に資料がないとこぼしたところ、「司書さんにメールは書いた？　図書館のスタッフに確認をとるまでは軽々しく資料がないなんて言ってはだめだよ。」とたしなめられました。何十年も研究をしてきた先生にとっても、図書館の司書さんは頼りになる存在だったのです。

　大学図書館は、通常、定期的に図書館の使い方やデータベースの使い方に関する講習をしているはずです。図書館の使い方は、大学に入ったら早い時点でマスターしておきたいものです。ぜひ参加してください。

2. 下調べの目的

　大きなテーマが大体決まり、「おそらくこのようなことを結論として言うことになるだろう」とめぼしをつけた時点で、文献研究では下調べを始めなくてはなりません。下調べの目的は以下の二つです。

①自分の言いたいことが既に調べられていないかどうか、確認すること。

②自分の知りたいことについて十分な資料があるかどうか、確認すること。

　この段階での目的は、自分のテーマを絞り込むことですから、大まかな情報をつかむことに専念します。

　ここで気になるのは大体どのくらい古い文献まで調べる必要があるのか、ということでしょう。これは分野によっても、テーマによっても大きな違いがあります。例えばIT関連の論文でしたら1年以上前のものはおそらく、あまり役に立たないでしょう。もっと長い時間にわたって流れを確認する必要のある領域もあるでしょう。どうしても何らかの目安が欲しい場合は、自分の分野の、よく知られたジャーナルを開いてみてください。掲載されている論文の書誌を見ます。比較的新しいものが多いでしょうか。それとも、古くても重要な本や論文が多く含まれているでしょうか。これで、おおむねの目安がつかめるはずです。

アクティビティ

◉自分の分野の学術雑誌の最新号から論文を三本選びます。それぞれの書誌を確認してみましょう。何年位前までの論文が含まれていますか。

3. 下調べの中から出てきた疑問

　下調べをすると、新たな疑問が出てくることが多いはずです。また、研究計画を大幅に変えなくてはならなくなるかもしれません。ある程度下調べができた時点でテーマをもう一度見直してみます。

◉あなたが立てようとしている研究の問いに関連する文献を、上の六つのうちの三つの検索エンジンで調べてみましょう。どのようなことがわかりましたか。

◉下調べからわかったことをふまえて、研究テーマを見直しましょう。問いを明確に書きます。使いたい資料、関連する問いも書いておきましょう。

05

アウトラインを考える[文献研究]

①アウトラインとはどのような体裁のものですか。

②アウトラインを書く理由を思いつくだけ挙げてください。

③アウトラインはいつ書きますか。

④アウトラインを書く際の手順について述べてください。

1. アウトラインを作る理由

　文献研究では特に、アウトラインを書くことが非常に大切になります。論文の構成を最初からすべて作らなくてはならないからです。アウトラインを書く理由は大きく分けて下の四つです。

①論文の設計図としてアウトラインを書く。

　アウトラインを論文の設計図として書きます。何を論文の中に入れるつもりなのか、一体どこでどの情報が必要なのかがわかるはずです。

②他人の助けを得るためにアウトラインを書く。

　特に初めて論文を書くときなど、他の人のコメントが欲しいものです。論文をまだ書き始めていないけれど、先生の助言がほしいときなどは、まずアウトラインを書いてみましょう。

これは卒業論文のようなそれなりの枚数のある論文を書くときにも役に立つはずです。例えば忙しい先生に「卒業論文の下書きを全部読んでください」といって読んでもらえる確率と「アウトラインをもとにアドヴァイスをいただきたいのですが」とお願いしてアドヴァイスをもらえる確率では、後者のほうがずっと高いでしょう。

③思考を助けるためにアウトラインを書く。
　人間の頭は、非常にアクティブなものです。「こうこうこういう論文を書こう」と決めて、アウトラインを書いても、実際にリサーチを進め、文章を書いていくうちに新しい疑問やアイディアがどんどん浮かんでくるのが普通です。
　しかし、新しいアイディアを闇雲に詰め込んでも良い論文ができるとは限りません。論文の構成全体を常に意識していないと、最終的には使えない情報を探し続けたりすることになります。アウトラインは、論文を書きながら適宜修正していきます。

④スケジュール管理のためにアウトラインを書く。
　アウトラインは、スケジュール管理のためにも有効なツールです。項目の①や③でも挙げますが、アウトラインを書くことによって、自分が一体どのようなことを書こうとしているのか、そのためにはどのような情報が必要なのかが明らかになります。
　アウトラインがしっかりあれば、常に論文の進み具合をチェックすることができます。

2.　アウトラインを書く手順

　まず、自分がいいたいことをすべて書き出す必要があります。［文章編］で学んだマッピングの技法や、ブレーン・ストーミングなどの技法を使って、自分の持っているアイデアを出し切るようにしましょう。ここでは、付

箋紙や、小さなカードを使ったアウトラインの作成の仕方をご紹介します。

①5分、10分程度、短い時間を決めてアイディアをすべて書き出す。(一枚の付箋紙、あるいはカードに一つのアイディアを入れるようにする)
②決められた時間で一度書くのをやめる。
③カードや付箋紙を並べ替えながら議論を形作る。
④途中、議論のとびや、不足している情報に気づいたら、順次新しいカード、付箋を作って補う。
⑤大体形ができたらアウトラインとして紙にまとめる。

　この方式とマップ法の違いは、アウトラインが比較的長い期間にわたってアイディアを集めるのに向いていることです。カードや付箋紙を持ち歩き、思いついたときにメモをしてアイディアを蓄積したり、本を読みながら引用を書き溜めていったりすることができます。

3.　アウトラインをコンピュータを使って書く

　アウトラインを組み立てる作業を補助するソフトウェアがあります。「アイディア・プロセッサ」であるとか「アウトラインプロセッサ」と呼ばれます。たとえばブレーン・ストーミング用のソフトウェアとしてご紹介したXmindにはブレーンストーミングのマップを自動でアウトライン化する機能がついています。

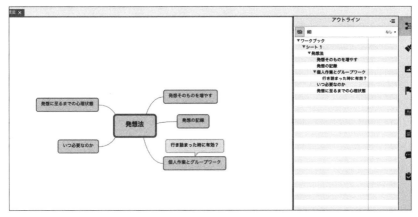

図6　Xmindのアウトライン作成画面

　他にも数多くアウトライン作成用のソフトがありますから、興味があった
ら調べてみてください。

4.　アウトラインの番号の振り方

　アウトラインを書く際は項目ごとに番号を振ります。番号の振り方には二
通りあります。下のように違う種類の番号をふっていくやり方と章番号・節
番号・項目番号の順に並べていくやり方があります。
　ここで重要なのは、同じレベルにある情報が同程度の抽象度になるように
することです。［文章編］「抽象度の調節をする」の章を参照しながら作成し
てみましょう。
　こうして作ったアウトラインには、論文を書きながら適宜修正を加えます。
修正を加えるときにも、抽象度に注意してください。

題名・洋食文化と日本人

Ⅰ　日本人とカレーの関係

　　　1 明治時代のカレー

　　　　　　1) 海軍の給食としてのカレー

　　　　　　2) 銀座のカレーパン

Ⅱ　日本人とハンバーグの関係

Ⅲ

図7　違う種類の番号を振る

題名・洋食文化と日本人

1　日本人とカレーの関係

　　　1.1 明治時代のカレー

　　　　　　1.1.1　海軍の給食としてのカレー

　　　　　　1.1.2　銀座のカレーパン

　　　1.2　戦争の影響とカレー

　　　　　　1.2.1　第二次大戦中のカレーレシピ

2　日本人とハンバーグの関係

図8　章番号、節番号方式で番号を振る

146

◉アウトラインを書いてみましょう。本章で学んだ方法をいくつか使い、自分にはどのやり方が向いているのか考えましょう。

　アウトラインを書くときには、できるだけ詳しく書きます。単に「研究目的」や「結論」と書いただけでは、アウトラインの項目としてはふさわしくありません。これらの要素はどのような論文にも必ず入っているものだからです。読み手に論文の内容が伝わるような具体的な記述を心がけて下さい。

06

一回目の序論を書く［文献研究］

導入

①論文の中の序論の役割とはどのようなものでしょうか。思いつく役割
　をすべて挙げてみてください。
②序論はいつ書きますか。
③序論に入れなければならない情報を箇条書きにしてみてください。

1.　序論の流れ

　序論部では、まず、読者にこの論文は読む価値がある、と納得してもらう
必要があります。読者は忙しい人たちです。常に「なぜ、私がこの論文を読
まなければいけないのか」と考えていると思ったほうが良いでしょう。序論
は、題や要旨を除けば、読者が一番最初に目を通す部分です。ここでしっか
り、「この論文はおもしろそうだ」と思ってもらう必要があります。

　高校生の論文でも、大学院生の修士論文でも、文献研究の場合、序論の役
割は実は同じです。それは読者に「あなたは○○だと思っているけれど、そ
の知識は不完全（あるいは誤っている）」と伝えることです。順序を追って
みていってみましょう。

- ①現在の知識の確認（推定される読者の知識）
- ②知識の欠陥、あるいは不完全さ（あなたの問い）
- ③知識の欠陥の結果、どのような問題が起きるか
- ④あなたの論文を読むと何がわかるか
  （論文の目的と結果の簡単な説明）
- ⑤その目的をどのような手段で達成したか(使った資料など)
- ⑥この論文で扱わないと決めた事柄とその理由
- ⑦論文の構成
  ブース（Booth, 2016）を参照。

　こうしてみていくと良くわかると思いますが、序論は、実は研究が終わってから、最後に書くのが普通です。④から⑦までの項目は、実際に論文が書き終わっていないと、書くのが難しいからです。
　以下、順を追ってポイントを見てゆきましょう。

1.1.　推定される知識

　序論の要素の中で高校生、大学生、大学院生の間に最も差が出るのが①です。「みなさん、こう思っていますね。」と、読者との共通の理解を確認する場所です。
　例えば、高校生の自由研究のようなものでしたら「〜とよく言われる」と、一般論を確認したり、「○○新聞によると〜ということだ。『○○』という雑誌でも、おおむね同じことを言っている」とジャーナリスティックな情報を確認したりする程度でよいかもしれません。大学の卒業論文では、少なくとも日本語の文献の主なものには目を通していることが期待されるのが普通でしょう。大学院生であれば、外国語文献も含めて、これから語ろうとする問題についてきちんと把握しているかどうかが非常に大切になってきます。先行研究にどの程度目を通すかは難しい問題ですが、自分が扱う問題に触れている研究はとりあえず抑えておきたいものです。

1.2. 知識の欠陥とその結果

　読者にとって論文は新しい発見を知るために読むものです。序論の部分は、あなたの論文が読者にとって一体どのような新しい情報を提供するのかアピールする大事な部分です。基本的には要素1と組み合わせて、三段階で進みます。

■例

> 　少子化の原因は女性のライフスタイルの変化だといわれる。

要素1　共通認識の確認

> 　この議論では通常男性の役割は無視されている。子供は女性だけで産み育てるものではないのにおかしい。

要素2　認識あるいは知識の欠陥、およびそこから生まれるあなた自身の問い

> 　そこで、この研究では新聞や雑誌に描かれる男性の子育てのイメージについて調べてみた。
> 　新聞や雑誌などのメディアが、男性の子育てをどのように描いているかを調べることで、少子化を食い止める新たな道筋が見つかるかもしれないからである。

要素3　知識の欠陥の結果（少子化を食い止める方法がわからない）あるいはあなたが研究をして知識を生み出すことの意義（少子化を食い止める道筋がわかるかも）

1.3. 論文の目的と結果

　論文の序論は全ての研究が終わってから書くのが普通です。それは、序論には、あなたの論文が発見したことがらの概要が必要だからです。序論部ではっきりとこの論文の結論を述べます。［文章編］の「主張を根拠で支える」の章を参考にしてみてください。

1.4. 使った資料

　文献研究の場合、これが実証研究における研究手法にあたるものになります。新聞や雑誌などの出版物を元に研究を進めたのか、個人の日記や手紙を使ったのか、大きく分類した上で、資料の強みや弱みを含めて、できるだけ詳しく書きます。

1.5. 論文の構成

　ちょっと長い文献研究では序論の段階で論文の構成を明らかにするのが普通です。実験やインタビューのように形が既に決まっている実証研究とは異なり、文献研究の読者には、かならずしも論文の構成がわかっているわけではないからです。

アクティビティ

●ペアを作り、下の質問をしてみましょう。

①あなたの論文の目的は何を明らかにすることですか。
②あなたの論文を読むと私の今までの理解がどのように変わりますか。(段階を踏むこと。まず、読者の理解はどのようなものだと思うか、尋ね、それから、論文を読むことでそれがどのように変わるのか尋ねること。)
③そのために一体何をどのように調べましたか。資料の問題点などはどう克服しましたか。(この時点では、まだはっきりと答えられないかもし

れません。「何をするつもりなのか」できるだけ詳しく聞いてみましょう。
答えているうちに、新しいアイディアが浮かぶかもしれません。）
④この論文で扱わないことにしたのは何ですか。
⑤どんな順序で論文を構成していきますか。

◉序章を書いてみましょう。

　特に大学院生以上になると、先行研究をおさえるために、他の研究者の名
前やコンタクト方法を知っておく必要が出てくるかもしれません。皆さんが
初めての本格的な論文である修士論文や博士論文を書いている最中にも、他
の研究者たちは、着々と自分の研究を進めているからです。最悪の場合、博
士論文提出1ヶ月前に自分の研究に非常に近い論文が出版されるという可能
性もあります。吉野は博士論文の総仕上げにかかる4ヶ月ほど前に、非常に
近い分野で研究を進めている研究者たちにメールを送り、この4ヶ月の間に
新たな論文が出る可能性があるかどうか尋ねました。イギリスのある地方の
図書館に特殊な資料を調べに行った1ヵ月後、同じ分野で研究をしている年
配の研究者の方から自己紹介の手紙をいただいたこともあります。これも、
また、同じ分野で研究する人たちを把握するためにアンテナをはっていらし
たのだな、と後に思ったものでした。

●参考文献
Booth, Wayne C.,et al. (2016) *The Craft of Research*, 4th edition.(Chicago: Chicago University Press)

07

一次資料と二次資料 ［文献研究］

導入

1. 一次資料、二次資料とはそれぞれどのような資料のことですか。また、それぞれの資料はどのような重要性をもっているのでしょうか。説明しましょう。

2. 以下の資料は一次資料ですか、二次資料ですか。
①夏目漱石『こころ』 ②江藤淳『夏目漱石とその時代』
③雑誌の料理欄 ④灘本知憲『応用栄養学』
⑤斎藤美奈子『戦下のレシピ—太平洋戦争下の食を知る』

1. 一次資料と二次資料とはそれぞれどのようなものか

　一次資料とは、研究の対象そのものとなる資料のことを指しています。一次資料とは「知りたいことに対して直接の理解を与えてくれる」資料です。「分析対象」と言っても良いかもしれません。例えば、1940年ごろの食事について調べているのであれば、そのころの雑誌の料理欄は重要な一次資料です。

　それに対し、二次資料は「知りたいことについてすでに誰かが調べた結果」の資料です。例えば、1940年ごろの食事についての調査をしているのであれば、斎藤美奈子の『戦下のレシピ』が二次資料になるでしょう。図書館で

見つけた栄養学の本も、二次資料になるかもしれません。二次資料とは「分析対象・あるいは問いについて他の人が言ったこと」ということもできます。注意しておきたいのは「何が一次資料になるか」は、「どのような研究テーマを設定するか」と関係するということです。例えば、夏目漱石の『こころ』について研究をしたいのであれば、江藤淳の『夏目漱石とその時代』は二次資料です。しかし、「一体夏目漱石はどのように読まれてきたのか」という質問の答えが知りたいのであれば、江藤淳の本は漱石の『こころ』と同様、一次資料だということになります。

　二次資料のまだ存在しない研究をすることはできますが、一次資料が入手できない場合、研究は不可能です。研究テーマを設定するときには、まず、一次資料がどのくらい存在するのか、そして、入手が可能であるのか調べる必要があります。

2.　一次資料

2.1.　一次資料の収集

　実証研究の場合は一次資料にあたるデータを自分で作り上げますが、文献研究の場合は、既に存在しているものを使います。図書館で簡単に手に入るものもあるでしょうが、特別な資料館に行かないと手に入らないものや、個人のお宅に伺って見せていただかなければならない写真や手紙のようなものもあるかもしれません。

　地方の資料館に行くときには、前もって連絡をしましょう。電話をかけるのでもメールなどで問い合わせをするのでもかまいません。①あなたがどこの誰で、②どのような目的で、③どのような資料を探しているのか、はっきりと伝え、資料があるかどうかを尋ねます。書面で質問をする場合には、自分の連絡先（住所、電話、メールアドレスなど）を忘れないようにしましょう。

　例えば、遠くにある資料館などでも、場合によっては実費で資料のコピーをとって送ってくれることもあります。参考文献表を作るときに必要になり

ますので、アーカイブ番号、整理番号など、きちんと聞いておきましょう。司書さんがいるような資料館ならば、きちんと番号をつけて整理をしているはずです。

　個人の手紙や日記を見せてもらう際には、一体何の目的でどのように使うつもりなのか、最初に明確にしておきましょう。特に日記などは家族の方のプライバシーに触れる可能性もありますから、きちんと書面で説明しておいたほうが良いでしょう。論文に使う際には、仮名にしてほしいであるとか、地名を伏せてほしいというような要望もあるかもしれません。これは、後に実証研究の注意とも重なってくる部分ですが、くれぐれも研究に協力してくださった方の人権を侵害することのないよう、気をつけたいものです。［論文編］最後の章「研究における倫理的な問題」を参考にしてください。

　また、資料や情報を送ってもらったときには、お礼状を忘れないようにしましょう。

2.2.　一次資料の質と問題点

　どのような一次資料を使うにせよ、それぞれ独自の問題点があるものです。例えば、広告収入が大事なファッション雑誌の記事に企業の悪口が載ることはまずないでしょう。同様に地方新聞が、地方の催し物を「失敗」と報道することは稀です。自伝では自分に都合の悪いことは書かないでしょうし、企業のトップが書いたハウツー物には自社製品を売ろう、という意識が働いているかもしれません。

　一次資料を使う際には、その資料がどの程度信頼のおけるものか、見極めることが大切です。そして、資料の弱点をどう補うか考える必要があります。具体的には以下の4点が最も注意するべきこととしてあげられます。

①お金を出しているのは誰か。（スポンサー）
②そのメディアはどのように作られているのか。（メディアの特性）
③誰が作っているのか。（製作者）
④一体どのような環境で作られたのか。（背景）

①から④のうち、〈メディアの特性〉については特に注意を払ってください。例えば新聞や、インターネットのニュースはしばしば非常に短い時間で書かれます。例えば企業がらみの大事件が起きた場合、まず、新聞社は企業の広報部から話を聞こうとするでしょう。なぜなら、新聞の第一の目的は読者にいち早く情報を伝えることだからです。

　つまり、新聞の第一報はどうしても、事件の全容を伝えるものではなくなる可能性があるのです。一般家庭のお茶の間にも流れるテレビのニュースの場合、最も残酷な映像は流れません。戦争の被害について実態を知りたい、と思っても、テレビのニュースではその現実をすべてつかむことは難しいと考えておいたほうが良いでしょう。

アクティビティ

◉下に、「知りたいこと」と「入手できた資料」が書いてあります。資料の長所短所、短所の克服方法を書いてみてください。

　①知りたいこと—劇作家Aと妻との関係
　　資料—Aの自伝・日記
　　長所…
　　短所…
　　克服法…

　②知りたいこと—ピアノが日本で売り出されたころの日本人の反応
　　資料—ピアノの広告　女学生向けの雑誌
　　長所…
　　短所…
　　克服法…

3. 二次資料

導入

　新学期、どきどきしながら研究室に行きました。「今までこの分野の勉強をしたことはないのですが」と修士論文の計画について先生に相談したところ、「では、まず一週間で、どのような研究がなされているのか、先行研究を大まかにおさえてください」と言われました。先生はなぜ、そんなことを言ったのでしょう。そして、言われたあなたはまず最初に何をしますか。

3.1. 二次資料（先行研究）をおさえることはなぜ大切なのか

　二次資料は研究対象について既に他の人がした分析のことを言います。通常、他の研究者による学術論文、あるいは書籍を指しますが、非常に新しいトピックを取り扱う場合、新聞の社説や、雑誌記事、大学の学位論文などしか見つからない場合もあります。

　大学院生にとっては、二次資料をきちんとおさえることが非常に大切になります。第6章「一回目の序論を書く」でも勉強したように、学術論文は既に読者が持っている「知識の欠陥」を埋めるものですから、何がどこまでわかっているかをおさえることは非常に大切なのです。

3.2. 先行研究をマッピングする

　短期間で先行研究の大まかな配置を知るにはコツがあります。第6章「一回目の序論を書く」を思い出してみましょう。学術論文では最初に「既に知られている知識の確認」を行うことになっていましたね。つまり、全ての学術論文は必ず最初に先行研究のマッピングをしているのです。

修士の学生のように、二次資料を十分に読んでいるとはいえない場合にはこれを利用しましょう。論文のテーマが決まったら最近出版された学術書、及び学術論文を10本ほど集め、先行研究の部分だけに目を通してみてください。必ず何度も出てくる本の題、研究者名があるはずです。誰がもっとも影響力の強い仕事をこの分野でしたのか、どのような研究がいつごろ行われてどのような流れがあるのか、おおまかにつかむことができるはずです。研究を始めた時点で、このように見取り図を作っておけば、論文を書き進むにしたがって、修正を加えたり詳しくしたりしていくことができます。

3.3.　二次資料の収集

　二次資料の収集をするにあたっては、まず図書館の使い方を学ぶことが重要になってきます。大学の図書館であれば、たいてい新学期にはガイダンスを行っているものです。ぜひ出席してみましょう。

　ガイダンスで学ぶことは通常、大学図書館が契約しているデータベースとその使い方や図書館そのものの電子カタログの使い方などです。図書館そのもののカタログを使いこなすことも大切ですが、契約データベースに慣れることも非常に重要です。

　データベースは二つの目的で使用します。一つ目は「論文そのものについて知る」ためです。ここでは、どのような論文がいつごろ誰によって書かれているのかを知ることが目的ですから、特に論文を入手する必要はありません。二つ目は「論文を入手する」ためです。

　インターネットの発達とともに、学術論文は雑誌や、コピーといった形ばかりでなく、PDFファイルなどの電子媒体でやり取りされることが増えてきました。英語学術雑誌の論文バックナンバーをダウンロードできるサービスも増えています。データベースによっては、調べればそのままダウンロードができるので非常に便利です。

3.4. 先行研究が見当たらないとき

　研究する対象にぴったりの二次資料がない場合には、理論書を二次資料として使うことができます。例えば、インターネット上のアプリケーションであるフラッシュによる映画についての論文を書きたいけれど、二次資料が見つからない場合、映画についての理論、あるいはインターネットについての議論などを二次資料として使うことができるでしょう。

チェックリスト

　①自分の研究について

☐ 研究対象についての一次資料はあるか。

☐ 見つかった一次資料の問題点は何か。克服方法はあるか。

☐ 研究対象についての二次資料はあるか。

☐ 現時点で大まかな先行研究の把握ができているかどうか。

　②自分の研究スキルについて

☐ 図書館のレファレンスセクションがどこにあるかわかっているか。

☐ 自分がいつも使う図書館はどのようなデータベースと契約しているか知っているか。

☐ 図書館のデータベースを使ったことがあるか。

08

情報を整理する［文献研究］

①作業用書誌（ワーキング・ビブリオグラフィー）とは何でしょうか。

②作業用書誌を作る理由は何でしょうか。

③研究に必要な情報はほかにありますか。

1. 作業用書誌（ワーキング・ビブリオグラフィー）を作り、管理する

　作業用書誌とは「この論文を書くにあたって目を通すかもしれない全ての資料の情報」を一つにまとめた自分用の記録のことです。実際に読む資料の何倍もの本や論文の情報を、一箇所に集めます。つまり、もしも実際に自分の論文を書くために読んだ本が10冊だったとしたら、作業用書誌には30冊、40冊の本の題が並んでいてもおかしくない、ということです。作業用書誌は研究をしている間中、大きくなっていくはずです。

　作業用書誌の作り方はいくつかあります。昔はカードやノートに手書きの人もいたようですが、現在ではコンピュータを使うべきでしょう。ワープロソフトで管理してもよいでしょうし、エクセルのような表計算ソフトや、ファイルメーカーのようなデータベースソフトを使うこともできます。Mendleyのような無料のオンライン文献管理用のサービスもあります。現在のものでしたらPC上のPDFファイルと関連づけて整理もしてくれるものが多いで

しょう。

　文献研究をしていく上で、作業用書誌の作成は欠かせません。作業用書誌を作ると以下のようなメリットがあります。

①資料の把握がしやすくなる。

　どのような資料があるのか、すぐにわかるようになります。また、誰かから本を薦められたとき、書誌情報一覧があれば、もう題を控えてあるかチェックすることができますね。

②予定が立てやすくなる。

　自分の大学の図書館にある本もあれば、なかなか手に入らない本もあるかもしれません。作業用書誌にまとめておくことで文献収集の見通しが立てやすくなります。また、どの資料から読んでいくべきか、予定を立てて計画的に仕事を進めることができます。

③他人の助けが受けやすくなる。

　作業用書誌は自分のために作るものですが、持っていることで他の人から助けを得ることができやすくなります。例えば、読むつもりで予定を立てた本の題がリストになっていれば、先生や先輩にその本が本当に役に立つと思うか、尋ねてみることもできるでしょう。ただ漠然と「いい本を教えてください」というよりも、「この本と、この本に興味があるのですが、読まれましたか」と尋ねるほうが、良い答えが返ってくるものです。

2.　資料の把握

　リサーチを始めたばかりの段階では、どのような資料が存在し、どのような先行研究があるのかもわからないのが普通です。まずは、データベースを使って関連しそうな書物や論文を調べてみましょう。学術データベースだけでなく、図書館のオンライン蔵書検索や、インターネット書店の検索あるいは公共図書館を利用することもできるでしょう。

　検索の結果は、すべて作業用書誌にまとめます。すると、資料の状態がわかります。例えば、調べたい事柄についての一次資料が、住んでいる地域に

はなくて、新幹線に乗らなくてはならないかもしれません。二次資料が非常に多く、ざっと目を通すだけで何年もかかりそうかもしれません。あまりにも資料が多すぎたり少なすぎたりするようならば、このリサーチにはちょっとムリがあるのかもしれません。

　作業用書誌は、論文を書いている間、できるだけ持ち歩きます。書店で面白そうなタイトルを見つけたときや、読んでいる論文に関係のありそうな資料が引用されているときには、どんどん作業用書誌に付け加えておきます。こうして書誌を管理することには、もう一つメリットがあります。リサーチしたい分野の主要な研究者の名前を覚えやすくなることと、本の題が記憶に残ることです。実際に本を読んでいなくても、誰がどのような研究論文を発表しているのかがわかっているし、自然と研究関係の情報がレーダーに引っかかりやすくなります。

　指導教官に「○○の『～』は読んだ？」と聞かれるようなことは、よくあるものです。くれぐれも、手近な紙切れにメモを取り、そのまま忘れたりしないようにしましょう。一箇所にまとめていない書誌情報は、すぐになくなるものです。できるだけ早くに作業用書誌に追加します。もっとも理想は、それまでの作業用書誌作成から、すでにその本の著者名とタイトルぐらいは把握していることですが。

3.　作業用書誌を使って予定を立てる

　書誌に載っている本を片っ端から読む、というようなことは、しません。作業用書誌ができたなら、まず、簡単に確認のとれる資料からざっと目を通していきます。実際に読む資料よりもずっと多くの資料に「目を通す」ことになると思っていてください。この時点では、まだ読みません。本であれば、序論と結論、そして目次にまず目を通します。自分の論文にどのくらい関係がありそうか、判断したら、書誌にコメントをつけておきます。「この本は読みたい」であるとか「関連性が薄い」といったようなコメントになるでしょう。

　どの本があなたにとって、重要度が高い本であるのかわかれば、リサーチ

の最初の段階での計画が立てやすくなります。一度、目を通して「面白そうだけれどこの論文には役に立たない」と思った論文を、すっかり忘れてもう一度読み直す、などといったロスも減ります。

4. 研究に必要なその他の情報

　序論章でも簡単に述べましたが、他の研究者とのコンタクトは非常に重要な情報です。博物館や、地方の図書館、文書館（アーカイブ）などの情報も、常に見つけられるようにしておきたいものです。インターネットの普及でこうした情報の収集は非常に楽になりましたが、それでもメール・アドレスを外に出さない研究者の方もいらっしゃいますし、手紙を書いたり電話をかけたりしたほうが早い場合もあります。

　なお、地方のアーカイブを訪れる場合などは、まず電話をかけて何があるのか、またいつが、先方にとって都合がよいのかなど確認するのが普通です。

5. コピーやコンピュータ・ファイルの管理

アクティビティ

⦿現在、コピーやコンピュータ・ファイルをどのように管理していますか。
　あなたの周囲の人たちは、どう管理していますか。クラスメートに聞いて
　みましょう。どのような方法がありますか。

　文献研究は増え続ける書誌情報、PDFファイルや、コピー、切り抜きとの闘いです。今では、コピーや切り抜きは少なくなってきてはいますが、電子化していない古い資料や自筆の手紙など、まだまだ紙もゼロにはなっていません。その上、写真や音声、動画ファイルなど、電子資料は種類が増える一方ですから、早い段階で自分にあった情報管理のシステムを作りましょう。

5.1. コピーした論文の整理

　コピーした論文の整理法について、クラスの人々に聞いたところ下のような答えが返ってきました。それぞれの長所、弱点について考えてください。

ⓐ「私は基本的にコピーを全て一箇所に積み上げています。時々探したい資料が見つからなくなっちゃうこともあるけど、探しているうちに他の面白い資料が出てくることもあって、これはこれでいいのかな、と思ったりします。でも、レポート提出前の真夜中、引用の詳細がわからなくてコピーを探していたりすると、いらいらしちゃうけれど。」

ⓑ「私は『超整理法』を採用しています。コピーをとったものは全部Ａ４の封筒に入れて、本棚に立てています。使ったものから右端に立てておくので、大体いつごろ読んだかさえ思い出せればその論文が見つかります。」

ⓒ「カテゴリ別にファイルしています。市販のフォルダに『ナショナリズム』であるとか、『観光』であるとか書いて、関連する論文や資料は全てフォルダに入れるようにしています。フォルダの最初のページに中に入っている資料の目次をつけています。」

ⓓ「クリアファイルに入れることにしています。題と著者名を書き込まなくても上から見ることができるからです。ファイルは著者名のアルファベット順に並べています。書誌データベースを作ってあるので、『あれ、何だっけ?』と思ったときはまず、データベースで検索します。」

　ⓐの方法で論文を書くのは非常に時間のロスが大きそうですね。ⓒは手間がかかりそうですし、一つの論文がいくつものカテゴリにまたがってしまったときに困ります。例えば「ナショナリズムと観光の関わり」のような論文を読んだ場合、どちらのフォルダに入れても収まりが悪くなってしまいます。

　ⓑとⓓにはそれぞれ長所と短所があります。ⓑは短期的なリサーチや、古いコピーをとっておく必要のないようなリサーチに向いています。10年以上前に読んでずっと使っていない論文でも、保存する必要がある場合には、

166

どんどん場所をとってしまいます。また、古いものほど探すのが難しくなるという欠点があります。ⓓは逆にある程度の量を管理するのに向いていそうです。著者名で並べておけば、他の人に資料を探してもらうこともできそうです。ただ、古くなったコピーがどんどんたまっていくので、それだけの書類を収納する空間が必要になります。

　増えるコピー類の整理には正解はありませんが、いくつかポイントはあります。

①規格化する。
　収納する前にできる限りサイズや形を統一します。ⓑやⓓがそれにあたります。封筒や、クリアファイルに入れることによってサイズの統一を図っているのです。紙のファイルもありますね。見出しをつけておくといいでしょう。（最近では全てをPDFファイルに電子化して紙媒体では残さないという人もいるでしょう。これも「規格化」の一種ですね。）
②カテゴリわけを避ける。
　カテゴリわけをしたいときはコンピュータのデータベースや、カードカタログを使い検索が可能なようにします。

5.2.　コンピュータ・ファイルの管理

　論文を書いていると、コンピュータの中にはどんどんファイルがたまっていきます。自分の書いている文章だけを例としても、何種類ものヴァージョンができるのが普通です。意識的に整理するシステムを作らないと、以下のような問題が発生します。
①ファイルを入れる場所が一箇所ではないため、同じファイルが違うファイル名であちらこちらに存在してしまい、どこで作業をしていいのかわからない。
②古いファイルを新しいファイルの上に上書きしてしまった。
③ほしいファイルがどこにあるかわからない。

これらを避ける方法の一つとしては、ファイル名を年月日で始めることが考えられます。同じ名前のファイルがいくつかあっても、いつのヴァージョンなのかわかるので、少なくとも古いヴァージョンを新しいヴァージョンに上書きするようなことは避けられます。フォルダ内部の表示を「ファイル名順」にしておくと下のほうに、「更新日時」順にすると上のほうに、最近使ったファイルが表示されるはずです。

　もちろん、コンピュータにはファイル検索の機能もついていますし、ファイルの中身まで検索するようなソフトウェアもあります。しかし、いつごろ作業をしていたのか思い出せれば古いファイルも機械に頼らずに探しやすくなります。

　当然のことですが、書いている論文のバックアップはこまめに取りましょう。提出前にすべてが消えてしまう、などという悲劇は、バックアップをとることで避けられます。

5.3.　自分のアイディアの管理

　自分で「思いついたこと」も情報の一種です。論文の内容に関することだけでなく「こういう資料を使ったらどうだろう」「明日はあれを調べてみよう」といったような思いつきも含めて、リサーチをやっていくときには管理する必要があります。リサーチ・ダイアリーを持ち歩き、書き留めるようにしましょう。現在ではスマートフォンのメモ機能を用いたり、音声入力でクラウドに記録したりする人もいるようですね。どのようなやり方でも構いませんが、一つの方法で、必ず一箇所に見つけやすくまとめておく方が効率が良いようです。

☐　ワーキング・ビブリオグラフィーを常に携帯し、アップデートしている。

☐　「研究手帳」を作るなどして、アイディアを逃さないよう工夫している。

☐　3ヶ月前に読んだPDFファイルの論文をすぐに見つけ出すことができる。

☐　部屋は特に「片付いて」いないように見えるかもしれないが、必要な本
　　や書類はすぐ見つかる。

09

画像を読む［文献研究］

　Aさんが、友達と一緒に海に旅行に行きました。旅行から帰ってきて、みんなで集まって撮った写真を見ていました。

　たまたま通りかかったBさんが写真を見て、「楽しい旅行だったんだね。海もきれいだし、食事もおいしそうだね。」と言いました。

　口には出しませんが、Aさんは、「なんだか、ちょっと違うんだけどな。」と思いました。

　Aさんは、なぜ、「ちょっと違う」と思ったのでしょう。そして、みんなが旅行先で撮った写真からわかることと、わからないこととはどのようなことでしょうか。

1.　画像や映像を読む

　写真や映像は文章では伝えられない情報を伝えてくれる大事な資料です。テレビや、新聞のニュース写真、町を歩いていて目にする広告など、皆さんが日々触れる画像・映像情報は非常に多いはずです。

　写真や映像を読むには、いくつか気をつけなければならない点があります。まず、何よりも、写真や映像は必ずしも客観的な記録とはいえない、というところに注意を払う必要があります。

　写真や映像が、客観的な記録ではないということは、旅行先で記念撮影を

170

する時のことを思い浮かべると良くわかります。普通、私達は景色のよい場所を選び、家族や仲間とにこやかに写真に納まります。せっかく行った観光地がとても混雑していたことや、長い渋滞でいらいらして、家族と口げんかしたことなどは、たいていの場合、旅行の写真からはわかりません。

　この章では、画像や映像を読む際に注意したい点について学びます。画像や映像など文字以外の形態も含めた情報を読む能力は、メディア・リテラシーともよばれ、ますます重要になってきた領域です（鈴木2004，浜本2015，松山2008）。

1.1.　画像や映像を読む際の大前提

　画像や映像はそれが「撮影されたもの」であっても「作られたもの」です。まず大前提として、「写真や、映像は作られたものである」ということを確認しましょう。

　全てが「作られたもの」である文章や、絵画に比べ、写真やテレビの映像は「あるがままを撮ったもの」だと思われやすいのですが、何を、どのように撮ろうか決めてカメラを向けた時点で、画像や、映像の伝える情報は偏りをもちはじめます。

2.　着目のポイント

　画像を読むときの着目のポイントは二つあります。一つ目は、（これは文献研究全般に言えることですが）細部に目を向けることです。二つ目は、なぜAではなくBが使われているか、考えることです。

　以下に具体的な着目のポイントを挙げてみましょう。

2.1.　色彩の選択とその意味に着目する

　全体的にどのような色調の画面でしょうか。それぞれの色からは自然と浮

かぶイメージがあるはずです。例えば背景が赤のときと、緑のときではそれぞれどのようなイメージになりますか。

2.2. 登場人物／主題の選択に着目し、その意味を考えてみる

どのような主題が、どのような役割で登場するか、注意を払ってみましょう。人物であるのなら、登場しているのは男性でしょうか、女性でしょうか。若い人でしょうか、年配の方でしょうか。それぞれの人物が、他の人だった場合、画像（映像）のメッセージはどう変わりますか。場合によっては、主題として人間ではなく動物や植物が登場するかもしれません。どのような動物や植物が選ばれていますか。

2.3. 背景の選択とその意味に着目する

どのような背景が選択されていますか。それは、全体のメッセージとどのような関係を持っていますか。同じメッセージが、例えば東京のオフィス街を背景に伝えられるときと、日本の田舎が背景のとき、それぞれの画像はどんな風に異なるイメージを発しますか。

2.4. 他の画像との関係に注意する

分析対象の画像／映像は、他の良く知られた画像や映像と、どのような関係にありますか。パロディは、ある程度人に知られたオリジナルに手を加えるものですからオリジナルを知っている人と知らない人とでは理解がかわるでしょう。それはつまり、オリジナルがどのような人に知られているかを考えることで分析対象の画像／映像がどのような教育を受けた人を対象に想定しているかわかるということでもあります。先行する画像や映像はどのように使われていますか。そして、オリジナルとの間にはどのような意味の違いがあるでしょうか。

2.5. 画像や映像に付随するものに注意を払う

　実際に私たちが日常目にする画像・映像情報には、しばしば文字・あるいは音声情報などが、付随しています。広告の写真だったら、企業名、商品名のほかにキャッチコピーが入っていることでしょう。テレビの番組にはキャプションが入ったり、ナレーション以外にも音楽や効果音が入っていたりします。

　どのような字体を使っているでしょうか。何色でしょうか。

　音声情報だったら誰の声でナレーションが入っていますか。ナレーションは、全体の中でどのような役割を果たしていますか。効果音はいつ、どこでどのように使われていますか。

アクティビティ

◉「地球温暖化を防ごう」という文が赤のゴシック体で書かれている場合と、緑の明朝体で書かれている場合では受け手の得る情報は違うでしょうか。違うとしたら、一体何が、どのように違うのでしょう。

◉同じ業種の企業2社、あるいは同じような製品2種のウェブサイトを比べてみましょう。一体どのようなメッセージを汲み取ることができるでしょうか。

●参考文献
鈴木みどり編（2004）『新版Study Guide メディア・リテラシー入門編』（リベルタ出版）
浜本純逸監修・奥泉香編（2015）『メディア・リテラシーの教育―理論と実践の歩み―』（渓水社）
松山雅子編著（2008）『自己認識としてのメディア・リテラシー　PARTⅡ』（教育出版）

10

データを読む［文献研究］

導入

　Kさんは両親が高校生くらいだったころの親と子の関係について調べようと考えています。お母さんに尋ねたところ、ちょうど高校生のころ新聞部でアンケートをとったことがあるといって押入れから25年前の新聞部の会議録を探し出してくれました。

　私たちの高校の生徒男女それぞれ100人にアンケートを配布し、下のような結果を得ました。

表1　思春期の高校生に対する親の干渉

	男子		女子	
帰宅時間について 両親は厳しいか	厳しい	30%	厳しい	22%
	厳しくない	62%	厳しくない	40%
	どちらともいえない	8%	どちらともいえない	38%
交友関係について 両親は厳しいか	厳しい	47%	厳しい	36%
	厳しくない	20%	厳しくない	42%
	どちらともいえない	33%	どちらともいえない	22%
進路に関する自分の意思は 両親に尊重されているか	尊重されている	24%	尊重されている	85%
	尊重されていない	45%	尊重されていない	12%
	どちらともいえない	31%	どちらともいえない	3%

新聞部の見出し案

①意外！　男子生徒の親の方が女子生徒の親よりも厳しい！

②両親と衝突する男子生徒たち。

③娘の帰宅時間を気にしない親たち。

　上のデータからわかることは何でしょう。　（※データは架空のものです）

1. データを再解釈する

　文献研究をする場合、みなさんは他の人が集めたデータを用いて自分なり
の議論をすすめていくことになります。みなさんの手元にある資料は既に、
解釈が添えられているものだ、と言いなおすことができるかもしれません。
しかし、データと解釈の間にはしばしばギャップがあります。上の例では一
つのデータをもとに、新聞部が三つの見出しを考えていますが、これなどは、
データと解釈の関係の流動性を示すものといえるかもしれません。

　他の人がとったデータをそのまま繰り返していても「新たな発見」にたど
り着くのは難しいので、文献研究をする場合データとその解釈を自分なりに
再検討することが必要になります。検討は少なくとも二つのレベルで行われ
なければなりません。まず最初は、データの収集のされ方に関する検討をす
る必要があります。これが第一のレベルです。

　例えば、上の例の場合、皆さんはアンケートがどのように配られたか知る
ことができません。男子生徒と女子生徒の間で学年の不均衡があれば、もち
ろん結果は変わってくることでしょう。例えば、高校三年生の男子生徒と高
校一年生の女子生徒にこのアンケートをした場合、実際に進路の問題に直面
している三年生のほうが、「両親は自分の意見を尊重してくれていない。」と
感じているかもしれません。

　廊下にアンケート用紙を置いて「気が向いたら箱に入れてください。」と
いうような形だった場合は、両親に不満のある学生ばかり返事をした可能性
もあるかもしれません。こうしたデータの収集の仕方の問題点については、
実証研究編が詳しく扱っていますから、文献研究をなさる方も、是非読んで
おいてください。どのようなデータを用いるにせよ、自分の論文に組み込む
以上、そのデータを使う責任は皆さんにあると理解してください。

　二つ目のレベルは、データと解釈の関係のレベルです。データと解釈の間
には一筋縄ではいかないギャップがあります。

　例えば上の例を見てみましょう。報告は生徒たちの自己申告に基づいてい

ますから、「男子生徒の親のほうが厳しい。」とは単純に言えません。男子生徒のほうが、親が厳しいと感じているということはできそうです。同様に、女子生徒が「両親は帰宅時間に厳しくない。」と言ったからといって、親が「娘の帰宅時間を気にしない」と結論付けることはできません。本人が自分から「暗くなってきたし、そろそろ帰ろう。」と思って帰ってきた場合、親との間に衝突は生じないため、特に親が厳しいとは思わないかもしれないからです。文献研究をする場合、通常、皆さんは誰か他の人が既に終えた調査を引用することになります。もちろん、多くの場合、そうした調査には調査者の加えた解釈が添えられていることでしょう。しかし、それは必ずしも、あなたがその解釈に賛成しなければならないということではありません。むしろ、あなたなりに解釈しなおす必要が出てくることのほうが多いでしょう。

　データの収集方法に多少問題があっても、そのデータに頼らなければならないことが、文献研究ではしばしばあります。例えば、過去の事例を研究している場合、時間をさかのぼって調査をしなおすことは不可能です。その場合、データの限界を指摘しつつ、新たな解釈を加えていくことになります。

2.　不完全なデータを用いる

　何かの理由で完全ではないデータを用いなければならない場合、できる限り、他の、似たようなトピックを扱ったデータを集めようとします。例えば、上のK高校の例の場合、同じ時期の生徒の日記や手紙、インタビューなどから、使いたいデータを裏付けるような、あるいは、データと矛盾するような事例を探すことができるかもしれません。こうした様々な声を統合しながら議論をすすめていけば、データの弱みを補うことができるかもしれません。
　また、新たな解釈を加えるにあたって、一つ気をつけておきたいのは「調査がされた」こと自体、あるいは、ある一定の調査方法が選ばれたこと自体にも意味があるということです。
　例えば、先ほどの新聞部の例でしたら、なぜ、そもそも新聞部はそのよう

な調査をすることにしたのでしょうか。また、調査手法に関する言及が会議録にないのはなぜでしょうか。手法に対する意識が薄かったのかもしれませんね。一つのデータからわかることは多層的なものなのです。

　欠陥のあるデータを用いるときは、まずデータの問題点を指摘しながら解釈を加えます。インタビューや、手紙などの追加データがある場合は、その後に提示し、さらに解釈を加えます。

　例えば、「〇〇禁酒協会による1928年の調査によると、日常的に飲酒する男性の8割に勤務上のミスが見られたという。この調査は、飲酒の程度が特定されていないばかりか、飲酒をしない男性の勤務上のミス率を特定していないという点においても、不完全なものである。しかし、少なくとも、飲酒が深刻な問題として取り上げられていたことはわかる。また、飲酒と勤務態度の間に何らかの関連性があると考えられていたこともわかる。実際に、1960年代の聞き取り調査では、当時89歳の左官職人〇〇が、以下のように述べている。〜」といったような手続きを踏みます。

■練習問題

　下の例から、考えられる解釈をあげよ。
① 「長い睡眠時間は体に毒？」調査によると一日9時間以上眠る人の平均寿命は一日7時間半睡眠時間の人よりも短いことがわかった。
② 「IQが高いほど長生き！」1932年6月1日に知能テストがスコットランドのアバディーン市に在住する11歳の児童2792人を対象に行なわれた。1997年、ローレンス・ウェリー（Lawrence J. Whalley）らは児童期のIQに従って生存率を分析した。その結果、IQの低い子供より高い子供のほうが長生きだったことが判明した。
③ マロニエゲート銀座（旧・プランタン銀座）がメールマガジン会員対象に行ったアンケートの結果によると、2017年56％の女性が恋人、またはパートナーからクリスマスプレゼントを期待していた。期待するプレゼント価格の平均は39,994円（前年平均31,257円）、最高額は50万円だった。「恋人・パートナーへ贈る」プレゼントの予算は平均22,729円（前年平均19,007円）で、最高額は15万円だった。

11

結論を書く［文献研究］

導入

結論の要素
結論を書くのに必要な要素を5分間で全て書き出してみてください。今までに読んだ論文を思い出しながら、自由に書いてみてください。

　序論では先行研究を含めた文脈から、自分の論文の論点へと焦点を絞りました。結論部では再び研究の成果をより広い文脈へ位置づけていきます。［論文編］第3章で勉強した論文の構成を思い出してみましょう。

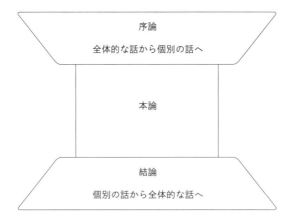

John M. Swales and Christine B. Feak, (2012) *Academic Writing for Graduate Students,* 3rd edn. (Ann Arbor: University of Michigan Press p.285) 掲載図を元に一部簡略化。

結論には基本的に下の6種類の要素が必要です。

①結びのシグナル（ここから結びだとわかる言葉）
②何をしたか（使った資料や分析の手法など。省略されることもある。）
③結果（わかったこと）
④その意味（示唆すること）
⑤研究の限界（わからなかったこと、できなかったこと）
⑥今後のリサーチの展望

上の6項目にしたがって短い結論部を書くと以下のようになるでしょう。

　以上、戦後料理漫画における女性の描かれ方について、検討した。 ◀結びのシグナル（「何をしたか」を省略）

　その結果、戦後日本の料理漫画では圧倒的に男性が料理をしていることがわかった。これは、料理漫画そのものが、ほとんど全て男性向けに書かれているためである。したがって、料理漫画では女性はしばしば母親、妻、恋人といった〈親しい傍観者〉の位置を与えられ、料理の腕も主人公である男性よりも劣っているのが常である。 ◀結果

　これは、現在一般に言われる「料理は女性がするもの。」「日本の男性は家事をしない。」という社会通念に一定の修正を迫るものであろう。 ◀意味

　本論文では料理漫画のみを取り上げた。同時期の男性向け雑誌の食べ歩き記事や、男性向けの料理本など、関係の深いほかのメディアには触れていない。 ◀限界

　料理漫画と男性向けのより全般的な料理情報の関係については今後の課題としたい。 ◀今後のリサーチ

実際に論文を書いているときにはそれぞれの要素の順序が多少変わる場合もあります。全体的にもっと長くなるかもしれませんが、基本的に入る要素は上に挙げたとおりです。

　「限界」については、特に自分の用いた資料や手法と関係が深いものについて触れます。まるっきり関係のない事柄は調べなくても当然ですので、「限界」としてあげるのに適切ではありません。また、全く自分の研究を否定してしまうような「限界」も不適切です。今まで調べてきたことの中から、確実に言えることがあるはずですから、「これができていればもっと良くなったかもしれない。」というような限界のみを挙げます。

　大学生以上の論文であれば、「意味」の部分が非常に発展したものになることでしょう。狭義の意味だけでなく、社会における意味、学術的な意味などを含めることになります。みなさんの書いた論文は、他の研究者にどのような情報を提供しているでしょうか。確実に言えること（より小さい範囲）と、論文の示唆すること（より大きい範囲）の間には、開きがあるかもしれません。

　こうしてみていくと、他の研究との関係を詳しく述べる結論章は、非常に序論章に似ていることがわかります。結論章を書いた後に、序論章を書き直すとよいかもしれません。

アクティビティ

◉ クラスメートに下の質問をしてみましょう。きちんと答えられますか。
　①論文の題とテーマ
　②この論文で何を扱いましたか
　③何がわかりましたか
　④それは、一体文脈（先行研究や、社会通念）にとってどういう意味を持つものですか
　⑤この論文の限界は何ですか

12

一回目の序章を書く[実証研究]

　研究の問いが立てられたら、序章を書きましょう。本書では、第2章で示した実証研究論文の章のうち、「序章」と「研究目的の章」を合わせたものを「序章」として扱うことにします。

　序章が担う最大の役割は、次のうちどれでしょうか。

①この研究テーマを追求することが自分の過去の経験から必然的であることを示す。
②研究目的を追究するために適切な方法を用いる研究であることを示す。
③自分の研究の問いがいかに重要なものであるかを説得する。
④研究目的、研究方法、研究結果、考察を要約して伝える。
⑤自分の研究の問いが分野の中で新しいものであることを証明する。

1. 序章の役割

　実証研究の論文全体における序章の役割は何でしょうか。最大の役割は、「研究の問いがいかに重要なものであるかを説明する」ことです。社会にとって、あるいは学問分野にとって、その研究の問いを追究することは価値があ

るということを説明するのが序章です。

　この章で扱う序章は、［論文編］第2章（2.2.「実証研究の論文の構成」）で見た「序章」と「研究目的」を合わせたものですから、▲と◎を合わせた内容を持つことになります。研究目的の背景と貢献は「研究の位置（▲）」に当たります。研究目的とそれを細分化した目的は、「研究の内容（◎）」です。

2.　序章に書くべき内容とその構成

　では、序章の役割をふまえて、序章に書くべき内容と構成をみていきましょう。

　以下は、序章に書くべき内容です。大きく括って四つあります。

---

①研究の問いを示す。

　　研究の問いは何か。

　　扱う範囲はどこまでか。

　　（定義を要する概念の説明をしながら上の二つを説明する）

②研究の問いが立てられた背景を説明する。

　　社会において重要な課題であることを示す。

　　学術界において重要な課題であることを示す。

　　この問いを立てるに至った動機や経緯を示す。

③研究の問いがどのように社会の発展に貢献するかを示す。

　　問いの答えは、どのように社会（当該分野）に貢献できるか。

　　問いの答えは、どのように学術界に貢献できるか。

④研究の問いを細分化して示す。

　　研究の問いを、具体化または細分化するとどうなるか。

　　（ここだけは箇条書きしてもよい）

このような構成で書き進めるのが一般的です。すべての項目を網羅しなければいけないというわけではありません。必要に応じて内容を精選して下さい。書く分量も、四つが同じになるのではなく特定の項目だけ多くなる可能性があります。順序もこのとおりにしなくてはならないという規則はありません。

　序章で、先行する研究について触れたいときには、要約あるいは引用して先行する研究について述べます。この研究の問いがいかに重要であるかを述べている文献があったら、その文献を引用するといいでしょう。この研究の問いに対する答えが出ていないためにいかに深刻な問題があるか、あるいは、この研究の問いに答えが出されたらどれほど大きな貢献になるかということを示した文献もこの章で引用するといいですね。

　「研究の内容」を書く部分は、［文章編］で体験した「マップ」や「パワー・ライティング」の手法を使うことによって明確にすることができるでしょう。一度で明確な目的や範囲を決めなくてはならないと思う必要はありません。構想を何度も練り直して研究内容を明確にしていくとよいでしょう。

3.　序章の修正

　そもそも序章は、後でもう一度書き直すことが普通です。序章を書き、目的に沿って研究を進め、結論を出したところで、もう一度、序章に戻って加筆修正をするのです。研究を進めていくうちに、序章で宣言したことと違ってくる部分が出ることがあるためです。扱う範囲を変える必要があったり、問いの細分化を修正する必要が出てきたり、社会における重要性の部分に社会で起きた最新のできごとを付け加えたりすることがあるわけです。しかし、だからと言って序章を雑に書いてしまうと、研究を進めるに当たって肝心の目的が揺らいだりする危険があります。ですから、書き直すことを前提にしながらも、丁寧に書くことが大切です。

アクティビティ

●自分の専門領域の論文を5編選んで、序章を読み比べてみましょう。序章
　に書かれている内容、文章構成はどのようなところが共通していて、どの
　ようなところが異なっているでしょうか。

●自分の研究論文の序章を書いてみましょう。先の2.に示された序章の内容
　から、必要な項目を選んで書きましょう。

　卒業論文や修士論文の序章は数ページにわたるものとなるでしょう。レ
ポートの序章なら1ページ以下の分量となるでしょう。（学術的な文章一般
で「序」部分の分量は全体の10％になる、と目安を示している論文指導書
もあります。分量にとらわれる必要はありませんが、2.に示された内容を書
いていくと10％前後になるのではないでしょうか。）

13

先行研究の章を書く[実証研究]

実証研究の論文では、序章（または研究目的の章）の次に先行研究の章がきます。序章では研究テーマ、その重要性、研究の問いなどが示されました。先行研究の章では、その研究テーマが過去のどのような研究成果をふまえて立てられたのかを概観します。

導入

次の項目で、先行研究の章に含まれるべき内容はどれでしょうか。

①同テーマで過去に発表されたすべての研究とその内容の紹介
②同テーマで過去に発表された代表的な研究の内容
③なぜこのテーマで研究することが重要なのかの理由
④同テーマで過去に発表された研究と自分の研究の目的との比較
⑤同テーマで過去に発表された研究の限界
⑥自分の研究目的の新しさ
⑦自分の研究の成果と過去の研究の成果との比較
⑧過去の研究の成果が自分の研究の問いにどのように答えているか

1.　先行研究の章で取り上げる文献の範囲

先行研究の章で過去に発表された同テーマのすべての研究を取り上げよう

とすると、学部や修士の学生さんの場合は時間が足りなくなってしまうことでしょう。博士の学生さんは、「おおかたすべて」を目指す必要がありますが、実際に「すべて」を網羅できたのかどうかは確認できないというのが現状です。(欧米、特にアメリカでは、司書情報学が発達していて、特定の分野で発行されている「すべて」の文献にアクセスしているデータベースが整っています。しかし日本はこの限りではなく、データベースが「大学」などの機関単位になっていることが多いのが現状です。)

そこで、取り上げる文献の範囲を決めるための有効な基準をお伝えしましょう。それは、その文献が自分の研究の問いに「何らかの答えを出しているかどうか」という基準です。ずばりと答えを出している先行研究はあるはずがありません。あったら、自分の研究をする必要はないのですから。すると、先行研究には、自分の研究の問いに「一部答えて」いたり、答えようとしているが「視点がずれて」いたりするものがあるわけです。こうして常に自分の研究の問いと照らし合わせながら先行研究を読んでいき、自分の研究の問いと何らかの関係があると判断されるときにその文献をこの章で取り上げることにします。

2. 先行研究同士の関係

「すべての研究」を取り上げないまでも、そのテーマの代表的な先行研究を提示することは大切でしょう。「代表的な先行研究」というものは、現在の学説を規定している重要な内容だったり、当時の学説を根底からくつがえす新しい内容だったりする研究です。ですから、その研究と自分の研究の問いとがどのような関係にあるのかを自分でも自覚することは大切です。もし自分の選んだ研究テーマを一本の樹にたとえるならば、幹に当たる文献に対して、自分の研究がどの枝にあたるのかが自覚できたらよいでしょう。

では、どうすれば幹にあたる文献や枝にあたる文献を見分けることができるのでしょうか。たくさんの先行研究を読むしかありません。手始めに、題から自分の研究の問いに大いに関係がありそうだと思える文献を一つ手に

とって参考文献表を見て下さい。参考文献表の中にまた関連のありそうな文献を見つけることでしょう。こうして「芋づる式に」参考文献を探してそれらを読んでいきます。すると、しだいにどの文献が幹でどの文献が枝なのかという全体の形が見えてくるものです。だれもが言及している文献は幹に当たるものでしょう。また、文献を読めば読むほどに枝が増えていき、幹と枝との関係、枝と枝との関係が見えてくるでしょう。つまり、構造的に先行研究同士の関係が理解できるようになってきます。そしてある程度の数の先行研究を読むと、この樹にはもう新しい枝が出そうもないとわかる時がくるものです。そこまで読めたらたいしたものです。

　先行研究を読む際に、文献から得た情報を整理して蓄積することは大切です。第8章「情報を整埋する」を参照しながら、自分が使いやすいと感じる方法で情報を整理し蓄積していきましょう。

アクティビティ

◉先行研究として取り上げる文献（論文、報告書、本、記事など）を選び（高校生は4、大学生は6、大学院生は8）、カードなどに情報を整理しましょう。

3.　先行研究の章の構成

　先行研究の章はどのように構成したらよいでしょうか。これについては、本書「文献研究」でいくつもの章にわたって指針が示されているので参考にして下さい。ここでは一つだけ、簡単に実行できる方法をお伝えします。

　序章を書くにあたって、研究の問いを細分化しました。その細かい問いをそのまま先行研究の章の節にすることができます。例えば、次のようにします。

・　全体の問い「出勤前に、着ていく服を選ぶのにどのくらい時間がかかるか」
・　　細かい問い「出勤前に着ていく服を選ぶのにかかる時間は男女で異な
・　　　　　　　るか」
・　　細かい問い「着ていく服を選ぶ基準は何か」

▼
先行研究の章
第1節　時間の使い方における男女の違いに関する文献
第2節　服を選ぶ基準に関する文献

　このように細分化された問いを生かして先行研究の章の節立てをすること
も可能です。
　しかしすべての研究で、細分化された問いと先行研究章の節を一致させる
ことが有効だとはいえないでしょう。「文献研究」の章にあるように、先行
研究を読み進めていくうちに節立てそのものが変わってくることを前提にし
ながら、何度も修正を重ねて節立てを決めることが必要です。（そうすると、
逆に、節立てが修正されるに従って細分化された問いも変わってくる場合が
あります。）

4.　先行研究の章における最終的な目標

　第1章　「学術論文とは何か」で学んだように、学術論文を書く目的は「新
しい発見」を発表することにあります。では自分の行ったことが「新しい発
見」であることは、どの章で示せるのでしょうか。「新しい発見」の〈内容
そのもの〉は結果の章で提示されます。中には「新しい発見はできなかった。」
という結果になる研究もあります。この結果も学術的に価値があります。し
かし「新しい発見」の〈全体の中の位置〉は先行研究の章で示すのです。先
行研究の章では、これから自分が行う研究は〈過去の研究がどのように果た
せなかったか〉を示します。こうすることによって、なぜ自分の研究が新し
いのかを証明することになります。
　次のような手順で自分の研究が新しいことを証明します。まず、過去にお
いてこの研究はこのような発見をした、一方こちらの研究はこのような発見
をそれに付け加えた、というふうに先行する発見を紹介します。その上で、
過去の発見ではどこが未だ不十分なのか、限界なのかを明示します。そして、

だから自分はこの研究でその部分に挑戦する、ということを最後に述べるのです。こうして自分の研究の新しさを説明します。

　架空の具体例を使って説明しましょう。A子さんは、バック・グラウンド・ミュージックが事務処理能力にどのように影響するかということを調べる実証研究をしたいと思っています。先行研究を読み進めていくうちに、図9のような研究がすでになされていることを知りました。

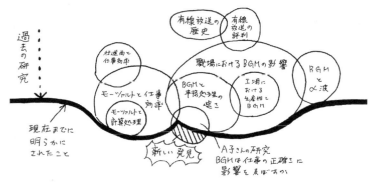

図9　先行研究の章における最終的な目標

　すなわち、次の点がすでに明らかになっています。「行進曲が仕事効率を上げること」、「モーツァルトも仕事効率を上げること」、特に「計算能力」においては顕著に結果が出ていること、また、BGM一般については、「事務処理時間が短縮されること」、「工場の生産量が上がること」です。つまり、太い線の引かれたところまでが現在までで明らかになっています。研究者たちは互いの成果の上に研究を積み上げて、人智を開拓してきたのでした。「BGMによって事務処理時間が短縮される」ことがすでに明らかになっているのなら、A子さんは、「BGMによって事務処理の速さに加えて正確さは変わるか」を調べてみようと思いました。A子さんの研究が〇部分だとすると、太い線の外側に出た斜線部分が当該分野における新しい発見ということになります。A子さんは先行研究の章に、先行する一連の研究の成果を紹介した後で、「しかし、BGMが事務処理の正確さに影響を与えるかどうかを調べた研究は過去にない。そこで、本研究では～」と書いて、自身の研究の新しさを示します。

5. 先行研究の章の記述

　先行研究の章にはたくさんの文献に関する記述がなされます。その際に最も大切なことは、誰が述べたことであるかを明確にしながら話を進めていくことです。特に、記述が文献の著者が述べたことなのか、あなたがそれについて述べたものなのかがはっきりと読者にわかるように書きます。そのためには、引用を上手にしながら書くことが必要です。

　[文章編]「ブロック引用をする」や「要約引用をする」の章を復習しながら書き進めるとよいでしょう。特定の文献を詳しく分析したい場合は、ブロック引用をします。文献を一つまたは複数、要約して伝えたいときには、キーワードやキーセンテンスを引用しながら要約します。

　修士論文や博士論文では、先行研究の章に書き手のその人の勉強の量と質が表れます。少なくともその領域における「幹」に当たる文献はすべて読んでいるか、「枝」に当たる文献にはどれくらい当たっているか、などがこの章を読むとわかってしまいます。「幹」や「枝」が構造的に捉えられているかどうかもわかります。また、先行研究の章と参考文献表を見れば、その研究がどのような内容で何を目指したものであるかもわかります。この章には、時間とエネルギーを注いで下さい。佐渡島は、実証研究のデータを収集して分析するのに1年半かかりましたが、先行研究の章を書くには2年半かかりました。

　実証研究論文の章のうちで、この章は、書くのが最も難しく感じられる章です。佐渡島も指導教員から次のように言われました。「サオリ、先行研究の章が楽しく書けるようになったら研究者として一人前だよ。この章は大変だと思うけれど頑張って。」と。皆さんにも同じ言葉をかけたいと思います。

アクティビティ

◉先行研究の章を書きましょう。この章は、研究計画書の一部となる場合もあります。

14

研究方法を決める［実証研究］

　研究の問いとその重要性を述べ、先行研究を概観したところで、今度は、その問いを追求するためにはどのような方法をとるのがよいかを考えましょう。

　研究方法には、《数量的研究方法》と《質的研究方法》とがありましたね（前者は《定量分析》、後者は《定性分析》とも呼ばれます）。両者の違いは、統計を使ってデータを分析するか否かという点にありました。統計を使ってデータを分析するという方法が《数量的研究方法》です。統計以外の方法を使ってデータを分析するという方法が《質的研究方法》です。《質的研究方法》には、〈観察〉、〈インタビュー〉、〈映像分析〉、〈談話分析〉などがあります。

1. 《数量的研究方法》か《質的研究方法》か

　では、研究目的を遂行する際に、《数量的研究方法》と《質的研究方法》をとることでどのような違いが出るのかを次の例で考えてみましょう。

導入

●「保育園に多い？きょうだいっ子」
　（『朝日新聞』2006年8月19日夕刊、東京本社版4版、3面）
　記事要約
　　全国私立保育園連盟が、2005年9月から06年1月まで、全国の加盟

1704園から調査回答を得た。回答によると、園児のきょうだいの数は、「2人」が48.5%、「一人っ子」は29.3%、「3人」が18.2%、「4人以上」は4.1%、平均は1.98人であった。一方、2004年の国民生活基礎調査では「2人」は43.8%、「一人っ子」は42.7%、「3人」は11.9%、「4人以上」は1.65%、平均は1.73人だった。保育園のきょうだいの数は国民生活調査の平均児童数を上回っている。

2000年度のこども未来財団の調査では、共働きの母親より専業主婦の方が子育ての負担感があるという結果も出ている。東洋大学の森田明美教授は「ほかの親が2人、3人産んで育てている姿が、働き方や家庭生活のモデルとなり、『もう1人』という気持ちになることもあるのでは」という。

▼

この新聞記事を読んで、「なぜ保育園のきょうだい数は、全国平均を上回るのか」という研究の問いを立てたとします。

①どのような理由が考えられますか。書き出してみましょう。（地方自治体によっては、共働きでない夫婦でも第2子が生まれたら第1子を預けることができる制度があります。しかしこの記事ではそのような制度があることは前提にしていないため、ここではその制度は考慮しないことにします。）

②書き出された理由について調べる研究をすることにしたとします。それぞれの研究は、《数量的研究》になりますか、《質的研究》になりますか。

このように、研究方法が異なると、同じテーマに関する研究をしても「見えてくるもの」が違ってきます。つまり、「研究結果」は「研究方法」に規定されるのです。ですから、どのような研究方法をとるかということは、正しいか正しくないかという問題ではなく、「分析の結果、何を見たいか」が違うという問題にすぎません。だから学問分野によって主流となる研究方法が異なるのです。

理想を言えば、多くの異なる方法でデータを収集したり分析したりしそれらの結果をすべてつき合わせれば、より的確に現実を捉えられることになります。しかし実際には、すべての研究方法に精通することは難しいので、研究者の多くは、特定の研究方法を得意としています。

　それでも種々の研究方法を組み合わせることは大変有効なので、領域の内容と共に自分が扱える研究方法を広げていく努力は大切です。例えば《数量的研究方法》と《質的研究方法》を組み合わせることは大変有効です。また、《質的研究方法》だけをとる研究であっても、いくつかの手法を組み合わせることの有効性は論じられてきました。これを「トライアンギュレーション（三角測量）」あるいは「マルチメソード（多元的方法）と呼びます。小田（2010）は、次のような手法を挙げて説明しています。「現場（フィールド）調査（ワーク）ではいろいろな方法を臨機応変に組み合わせて使います。（中略）話を聴くだけではなく、観察すること、参加すること、撮影すること、文書やウェブサイトを調べること」（pp.151-152）を行なう、と述べています。

2.　〈観察〉か〈インタビュー〉か

　では、今度は同じ《質的研究方法》のうちで、異なる手法を比較しましょう。まず〈観察〉と〈インタビュー〉という二つの手法を比べてみましょう。

導入

　Aさんは、働く人が、職場へ出かける際に、どのくらいの時間をかけて着るものを選んでいるかということに興味があります。そこで、(1)「何分かけてその日に着るものを選んでいるか」、また (2)「その選択の基準は何か」という問いを立てて研究することにしました。
　この研究目的を追求するために、Aさんはどのような方法をとったらよいでしょうか。
①30、40人の人にインタビューをして、(1) と (2) について自分がど

うしているかを聞いていく。

②毎日時間を計ってもらい、選択の基準もノートにつけてもらう。

③(1) は、いっしょに住んでいる人に測ってもらう。

〈インタビュー〉という手法は、本人から直接聞き取るため、人間の本質を理解する上で大変有効な手法です。しかし上の例でみたように、「本人が意識していること」と「本人が実際にやっていること」とが一致するとは限りません。また「○○のようでありたい」という願望がこめられた意識もあるでしょう。ですから、「意識」を知りたいのか「実際にとっている行動」を知りたいのかを明確にして、〈インタビュー〉にするか〈観察〉にするかを決める必要があります。

3. 〈フィールドでの観察〉か〈映像分析〉か

次に〈フィールドでの観察〉と〈映像分析〉を比較しましょう。

導入

　Bさんは、最近の日本の子どもは、笑わなくなっているのではないかという仮説を持っています。そこで日本の子どもとラオスの子どもが、それぞれどのくらい笑うかということを比較することにしました。日本では、後楽園でのキャラクター・ショーを見ているときの子どもの表情を、ラオスでは着ぐるみ劇を見ているときの子どもの表情を分析することにしました。

　その場でノートに記録をとる〈フィールドでの観察〉がよいでしょうか。それとも実際に起きたことを映像に撮っておき、後でそれを分析する〈映像分析〉がよいでしょうか。

〈映像分析〉は、上の例からもわかるように、〈フィールドでの観察〉に比べて状況から切り取られた状態で対象を分析することになります。一端フィールドから離れて、映像を通してもう一度対象と向き合うわけです。一方、その場に自分が居合わせる〈フィールドでの観察〉は、状況全体を肌で感じ取りながら対象を観察することになります。見えてくるものが双方で異なることがわかります。もちろん、〈フィールドでの観察〉と〈映像分析〉とを合わせて用いることも可能で効果的であることはいうまでもありません。

4. 〈フォーマル・インタビュー〉か 〈インフォーマル・インタビュー〉か

インタビューは、大きく分けて二つの種類があります。

フォーマル・インタビュー	インフォーマル・インタビュー
特定の情報を得たいときに 全体の傾向を把握したいときに 決められた質問を 決められた順序で 決められた条件で 尋ねる	相手を理解したいときに 固有性を知りたいときに 相手の主導で 時間をかけて 自由に 語ってもらう

セミ・フォーマル・インタビュー

また、これらの中間に位置する**セミ・フォーマル・インタビュー**もあります。セミ・フォーマル・インタビューは、決められた質問を決められた順序で聞いていくのですが、途中で気になる発言があったら、その場でインフォー

マル・インタビューに代えてその部分を詳しく広げて語ってもらう、という
インタビュー手法です。

導入

　Cさんは、(1)「沖縄県の人々が沖縄の言葉に対してどのような意識を
持っているか」、そして (2)「その意識は年齢によって異なるか」、を卒
業論文の問いにしたいと考えています。戦争を体験した年齢層の人々と、
その子どもに当たる人々と、戦後生まれの人々とでは、沖縄の言葉に対
する意識が異なるのではないかと考えたからです。そこで、実際に沖縄
へ行って人々と直接会って話をすることにしました。
　Cさんは、次のどちらのインタビューをしたら、研究の目的に最もよ
く迫ることができるでしょうか。
①三つの年齢層各20人ずつに同じ条件で同じ質問を同じ順序で行う
　フォーマル・インタビュー。
②全部で9から15人くらいの人に、時間をかけて自由に思ったことを
　語ってもらうインフォーマル・インタビュー。

導入

　Dさんは、商品としての栄養ドリンク剤に興味があります。栄養ドリ
ンク剤がもっと女性に飲まれてもよいのではないかと考えています。そ
こで、対象を女性に絞って、(1)「栄養ドリンク剤をどのように利用して
いるか」、また (2)「栄養ドリンク剤にどのようなイメージを持っている
か」、を調べることにしました。
　Dさんの研究目的を達成するためには、フォーマル・インタビュー、
インフォーマル・インタビューのどちらを行うことが適切でしょうか。

上の二つの例でみたように、インタビューはその種類によって明らかにされる事柄が異なってきます。研究の目的とよく照らし合わせてインタビューの種類を特定する必要があります。

5. 〈単独インタビュー〉か
　〈グループ・インタビュー〉か

　インタビューは、別の観点から分類することもできます。〈単独インタビュー〉と〈グループ・インタビュー〉です。〈単独インタビュー〉は、一人の人をインタビューする方法です。〈グループ・インタビュー〉は、研究目的に見合う、特定の共通点を持った人を複数集めて行うインタビューです。
　それぞれの性質を概観しましょう。
　〈単独インタビュー〉は、一対一で行うため、インタビュー対象者が他者の影響を受けずに自分の思いを語ることができるという利点があります。
〈グループ・インタビュー〉は、同じ場に居合わせている他者の発言を聞きながら発言をするので、全体の中の自分を意識した発言が出されるという性質があります。例えば、同調し合って全体が同じ方向に盛り上がる場合もあるでしょう。逆に、違う視点が複数出されてみんなで違いを認識するという方向に進むかもしれません。また一人では思いつかないアイディアや記憶を呼び起こすことができるかもしれません。
　〈グループ・インタビュー〉は発言が人間関係に規定されるので、メンバー選択に留意することが必要です。権力の強い者が入っていたり、自由に意見を述べることができない要素が絡んでいる人間関係があったりすると、偏った意見や思いだけがデータとして残ることになってしまいます。
　〈単独インタビュー〉が適切か〈グループ・インタビュー〉が適切かを、研究の目的と照らし合わせて判断します。

◉自分の研究テーマに非常に近いテーマを扱っている実証研究論文を7編か
8編集めましょう。それぞれの論文の研究方法章だけを読んで、どのよう
な方法をとっているかを書き出しましょう。それぞれの研究で、研究目的
を遂行するためにどのような研究方法をとっているかを検討し、比べてみ
ましょう。

◉あなたの研究の問いを追究するに当たって最も有効な研究方法はどのよう
なものでしょうか。研究方法や手法を考えて、グループの人たちに話して
みましょう。グループで互いに研究方法を聞きあい、助言しあいましょう。

●参考文献
小田博志（2010）『エスノグラフィー入門―〈現場〉を質的研究する』（春秋社）

15

研究方法の章を書く[実証研究]

研究の目的が明確になり、その目的を遂行するための方法が決まりました。では次に研究方法の章をどのように書いたらよいかをこの章で学びましょう。

導入

「プロポーズの言葉」を研究することにしました。研究目的は「プロポーズの言葉は世代によって異なるか、異なるとしたらどのように異なるか」を明らかにすることです。20代の既婚者15人、40代の既婚者15人、60代の既婚者15人にフォーマル・インタビューをすることにしました。

次の項目のうち、研究方法の章に書く内容としてふさわしい項目はどれでしょうか。

①なぜ「プロポーズの言葉」に興味があるかを書く。

②どのようにして45人のインタビュー対象者を探すのかを書く。

③なぜ20代と40代と60代の人に聞くのかを書く。

④他にも「プロポーズの言葉」に関する研究があること、それらの研究が出している結果を示す。

⑤「告白の言葉」について12人にインフォーマル・インタビューをした研究が過去にあったこと、しかしその研究と比較して自分の研究目的にはフォーマル・インタビューがふさわしいと思うことを述べる。

⑥いつインタビューするのかを書く。

⑦インタビューでどのような質問をするのかを書く。

⑧なぜ世代間で違いがあるかどうかを調べるのかを書く。

⑨インタビューでは録音をすることを書く。

⑩とった録音をどのように分析するのかを書く。

⑪予測される結果を書いておく。

1. 研究方法の章に書く内容とその構成

　上の整理により、実証研究の研究方法に書くべき内容はおおかたわかったのではないでしょうか。研究方法の章は、一般に次の内容を次の構成で書きます。

第1節　研究方法概要

　①大まかな研究の方法を一段落か二段落で説明する。手法、研究対象と規模、手順などの概要を示す。

　②その手法や対象や手順が、研究目的を遂行するためになぜ適切かを簡単に説明する。

第2節　研究対象…以下のうち適切なことがらを取り上げて説明する。

　①誰（人、機関、地域）を対象とするか

　　研究に参加する人、機関、地域がどのようなものであるかを具体的に詳しく記す。

　②研究対象の範囲を示す必要があれば範囲を断る。

　③その研究対象でなくてはならないこと（必然性）を示す。

第3節　研究過程（「研究過程」を「データ収集」と「データ分析」とに分けて書いてもよい。）

データ収集
　①何月何日何時に調査するかを具体的に書く。時、期間が適切であると説明する。
　②何をどのようにするのかの全体の流れを具体的に書く。
　　予め定められている場合のインタビュー質問も書く。「資料」として添付してもよい。
　③注意すべき点などを書く。

データ分析
　①収集したデータをどのように整理し、どのように分析するかを示す。

上述の3節あるいは4節で書いていきます。

2.　記述における留意点

　この章を書くに当たって最も大切なことは〈具体的に書く〉ということです。読み手（他の研究者）が、もしもまったく同じ研究を同じ方法で再度行いたいとしたら、再現が可能である程に具体的に示すことが一つの目安になるでしょう。次のような表現は具体的とはいえません。「分析する」、「明らかにする」、「考察する」、「調べる」、「検証する」、「対象から外す」、「交渉する」などです。「交渉する」を、実際に何をどうしたのか「見える」ように書くと、例えば「夜自宅に電話をかけて、○○であることを伝え、〜〜まで譲歩してほしいとお願いをする。」などとなるでしょう。特定を避けた、曖昧な表現もしないようにします。例えば「など」、「〜程度」、「〜以上」、「〜を中心に」、「や」などです。

　ただし、研究対象者に関する個人情報は、取り扱いを慎重にしなければなりません。人名は仮名に代える、頭文字にする、記号を使うなどの工夫をすることができます。人名をどのように明示するかは研究対象の節で断ります。

■練習問題

　次の記述は具体的な記述とはいえません。どこをどのように修正する必要があるでしょうか。修正の例を（架空の研究事例を想定して）示しましょう。
①できる限り大勢の人に聞く。
②通勤客が多い時間を狙う。
③地方に住んでいて会うことのできない対象者は、別の方法で連絡をとる。
④インタビューは、本調査にふさわしい場所を選んで行う。
⑤テレビやラジオで見たり聴いたりした情報ではなく、直接本人が経験していることを確認する。

　研究方法の章では具体的に記述することを心掛けますが、実際には調査をした後で修正をすることになります。予定したとおりの日時でデータ収集が行われなかったり、注意すべき点がデータ収集の途中から替わったりするからです。
　〈具体的に書く〉の他に留意すべき点として、研究対象となる人々を尊重する態度で書くということが挙げられます。個人情報に留意することに合わせ、研究対象となる人々のことを「被験者」という言い方では呼ばず、「研究対象者」や「研究協力者」と呼ぶことが一般的です。
　研究方法の章の時制について考えましょう。調査をする前に書いている時には現在形で書くことになります。例えば研究計画書として提出するような場合です。しかし調査が終わってからすべてを報告する場合は、同じように現在形で書くほかに過去形で書くこともあります。

3.　方法に関する先行研究の扱い

　必要であれば、この章にも先行研究を示します。「必要」とは、例えば、先行する調査とまったく同じ目的と方法を異なる対象で行う場合です。あるいは、先行する調査と同じ研究対象を使うが、方法を修正して行う場合です。

あるいは、先行する理論枠を使って分析をする場合なども枠となる理論をこの章で示します。

4. 資料の掲載

　調査のために資料を準備する場合があります。例えば、地図、写真、配布文書などです。これらは本文に載せてもよいのですが、「資料」として巻末に載せることもできます。巻末に載せる場合は、それぞれの資料に「資料 A」「資料 B」「資料 C」などと通して記号をつけておき、通しの記号の後に資料の題を入れます。本文では、資料を初めて提示する部分に（ ）を挿入して「(「資料 A」参照)」と書き添えます。資料はそれぞれ新しいページから始まるように載せます。

資料 A

ヴァージニア・リー・バートン『ちいさいおうち』

資料 F

廣澤直美に対する感想文　S さん

5. 事前調査

　実証研究では、多くの場合、事前に「試し」を行って調査の方法を決定します。この「試し」の調査を事前調査と呼びます。英語では「パイロット・スタディ（Pilot Study）」といいます。「Pilot」というのは「水先案内人」のことで、大きな船の先につけて港への誘導を行うあの小さなボートのことです。誘導するボートが転じて飛行機の操縦士も意味するようになったとのことです。※1

　事前調査は、さまざまな目的のために行います。例えば、考えてあるインタビュー質問が自分の知りたいことを聞き出すために適当であるかどうかを確認するために行う場合があるでしょう。調査の場所で意図したものが観察できるかどうかを確認するために行う場合もあります。集めたデータの分析方法を決めるために行うこともあるでしょう。多くの場合、事前調査の結果を踏まえて方法は修正されます。最終的に方法が決まるまで、何度も事前調査を行うことはよくあります。

　佐渡島は専門分野が作文の指導と評価ですから、調査対象者に作文を書いてもらってその作文を分析する調査をすることがあります。その場合には、作文の課題が適当であることを確認するためや、作文の評価基準を決めるために事前調査を行います。多くの場合、一度目の修正ではまだ心配で二度目の事前調査を行います。

　事前調査をする場合に注意が必要な点は、事前調査で調査対象者を使ってしまうという点です。本調査ですべての調査対象者に同じ条件で臨んでもらうためには、事前調査で協力してもらった人には本調査では抜けてもらわなくてはなりません。ですから、事前調査を行う場合は対象者を誰にするか、その対象者を除いた人々を本調査の対象者として大丈夫かをよく考えてから行う必要があります。

　事前調査をする場合は、その目的、方法、結果のすべてを「研究方法の章」に書きます。そして、どの部分において修正を加えたのかもすべて具体的に書きます。そうすることによって読者に「最適な研究方法である」ことを示

しているのです。同時に、同じ方法で調査をしようとする後続の研究者に対して、なぜこの方法が最適であると判断したのかを伝えることにもなります。

　事前調査は、これまでの筆者の経験からも非常に大切な研究過程です。事前調査の過程で気づかされることはいつもたくさんあります。それらの気づきを生かして本番の研究方法を作ると、失敗の少ない、より目的にかなった研究結果を得ることができます。自分の家族の一人にインタビュー質問をしてみるなど、小さな規模でもよいので、研究方法を決めるに当たって是非、事前調査を行って下さい。

　事前調査をした場合、事前調査の内容はこの章の中のどこに書けばよいでしょうか。最終的に決まった研究方法の全体に影響が及ぶような大がかりな事前調査だったら、研究方法章の始めに、独立した節を設けて書くとよいでしょう。特定のインタビュー質問など、ごく一部分に関する事前調査だったら、上述の、該当する節の中に組み入れる記述でもよいでしょう。

アクティビティ

◉研究方法の章を書きましょう。1.に示された構成で書きましょう。

※1
南出康世編（2014）『ジーニアス英和辞典第5版』（大修館書店）「pilot」の項。
資料Aの『ちいさいおうち』（ばーじにあ・りー・ばーとん著　いしいももこ訳　1965　岩波書店）のイラストは本書への使用許可をえて掲載しています。

16

フォーマル・インタビューを行う
［実証研究］

フォーマル・インタビューとは、「［論文編］第14章「研究方法を決める」の4.」で学んだように、「特定の情報を得たいとき」や「全体の傾向を把握したいときに」、「決められた質問を」「決められた順序で」「決められた条件で」「尋ねる」インタビューです。

導入

栄養ドリンク剤に関する研究で、女性30人を対象にフォーマル・インタビューをすることになりました。研究の問いは「日本において、女性を対象にした栄養ドリンク剤は市場を獲得することができるか」です。細分化した問は次の2点です。①「日本の女性は栄養ドリンク剤をどのように利用しているか。」②「日本の女性は栄養ドリンク剤にどのようなイメージを持っているか。」

これからどのような手順でインタビューを行ったらよいでしょうか。またその結果をどのように分析し、どのような形で論文に載せたらよいのでしょうか。

1. フォーマル・インタビューの準備

まず、質問項目を特定します。それらの項目に対するインタビュー結果を合わせると研究全体の問いに対する答えが出るような質問項目を複数設定し

ます。

　インタビューは、研究のために協力者の方々の時間を一方的に「もらう」行為です。ですからあまり長い時間、協力者を束縛しないように質問項目を厳選する必要があります。必要かつ充分な質問項目を設定しましょう。

　第3章「テーマの選択」で学んだように、前提のある質問を避けます。「あなたは栄養ドリンク剤をどんなときに飲みますか。」という質問は、飲んでいることが前提になっているので不適切です。「あなたは栄養ドリンク剤を飲んだことがありますか。」と聞いた上で「どんなときに。」と聞きます。「栄養ドリンク剤には『おじさんっぽい』というイメージを持ちますか。」という質問も、特定の方向を誘導しているので不適切です。「どんなイメージを持っていますか。」と、受け手がどのような事柄も自由に話せるように聞くことが大切です。

　30人の女性にそれぞれ二つの質問をするので、下のようなメモ用紙を用意しました。

○○さん
　①年齢
　②仕事または生活のきつさ
　③食生活の様子
─────────────────────
（1）栄養ドリンク剤を利用したことがあるか。あるとすると、どのような時にどこで買って利用したか。

（2）栄養ドリンク剤にどのようなイメージを持っているか。

このメモ用紙を実際にインタビュー現場に持っていって書き込んで使うのもよいでしょう。スマートフォンなどの録音機器に録音できるときには、その場ではメモをとらず、後で録音を聞きながらこのメモ用紙に書き込むこともできます。あるいは、メモと録音機器をその場で併用することも可能です。

①、②、③は、研究協力者の「プロフィール」といえるもので、インタビュー質問とは区別されるべきものです。研究協力者のプロフィールに関する質問をインタビュー項目として入れてしまわないように注意しましょう。

2.　フォーマル・インタビューのデータ収集

30人の女性と約束をとり、それぞれの人と約束した場所に出かけていきます。なるべく条件が同じになるように会う場所を設定します。例えば、「一対一で会うこと、できるだけ静かな場所で会うこと、立ち話ではなく座って話せる状況で会うこと」などという条件です。

協力者には、自分の研究の目的を明かしました。研究の目的を伝えても協力者が話す内容が大きく変わることはないと考えたからです。それから質問をしました。

「せっかくお話ししていただいたことを全部記憶できないので、録音機器に録音してもいいでしょうか。データは研究以外の目的には使いません。」とお願いをしてから質問をしました。そしてメモ用紙には、印象に残った語句を書き取りました。合わせて録音機器にも会話を録音しました。

3.　フォーマル・インタビューのデータ分析

30枚のメモができたとしましょう。が、その場では思うようにメモが取れないので、中には不完全なメモもあるでしょう。そのようなときは、録音機器の音声を再生してメモを整えるとよいでしょう。「大事だと思われる」発言、「印象的な」発言、「疑問を感じる」発言が聞こえたときに録音機器を

止めて、その発言をメモに書き取っていきます。こうして書き取った発言は、「語句」の場合もあれば「文」の場合もあり、「段落」の場合もあります。自分で言葉を作ってしまうのではなく、協力者の発言をそのまま書き取ることが大切です。

斉藤由美子さん
①32歳
②月曜〜金曜　銀行に勤務。残業なし。
③実家から通うので食生活は規則的。

（1）体があまり丈夫でない。
　　よく風邪をひく。
　　「あ、風邪を拾ったかな。」と思ったとき。近所の薬局にあるの。

（2）男の人が買うものという感じがする。だから絶対に駅とかでは買わない、売ってるけど。恥ずかしくて。薬局で買うと、「薬の一種」という感じで買いやすい。

井上花子さん
①56歳
②主婦、近所でパート。3世代7人家族。
③高齢者の介護があり不規則。

（1）疲れてしょうがない。
　　愛用している。
　　まとめ買いをしていつも冷蔵庫に。
　　夜中に何度も起きて朝すっきりしないときや、つい昼ご飯を抜いちゃったときに。

（2）最近話題の、ヘタな健康食品を買うよりは安上がりでしょ。
　　効果も即効性があるし。
　　友だちの間で流行ってます。

小池和男（2000）は、記録をとるための「小道具」について「A4なりB5なりのノートを使う人もあれば、ポケットにはいるメモ帳を用いる人がある。私は後者である。（p.111）」などインタビューにまつわる具体的な助言をしています。特に企業を調査する際のこつを豊富に紹介しています。

4. フォーマル・インタビューの結果報告

　フォーマル・インタビューを行ったときには、質問項目ごとに結果を報告します。質問が読者にわかるような見出しをつけて結果を報告するとわかりやすいです。

　全体の傾向を報告します。しかし、傾向は一つとは限りません。よくデータを見てどのようなことがいえるかを判断します。

　結果報告の例を下にお見せします。自分の判断と判断の元になったデータ（発言や人数）との双方を織り交ぜて記述します。下の例では、実際の発言がふんだんに引用されています。発言がそのまま引用されていると活き活きとした報告になることがわかります。

結果報告例

(1) 栄養ドリンク剤を利用したことがあるか。あるとすると、どのような時にどこで買って利用したか。

　30人中、21人が栄養ドリンク剤を利用したことがあると答えた。利用したことがあると答えた21人の内訳は、年齢では30代が11人、40代が5人、20代が4人、50代が2人であった。仕事では、30代の11人は全員がフルタイムの仕事をしている人で、40代の5人は2人がフルタイム、3人がパートタイムである。50代はフルタイムとパートが1人ずつであった。

　どのようなときに利用したかという質問に対しては、体調の悪いとき

と答えた人が最も多く、17人であった。体調の悪いときとは、「夜中に何度も起きて朝すっきりしないとき」、「『あ、風邪を拾ったかな』と思ったとき」、「『このごろ体にきてるな』と思ったとき」などである。残りの4人は「つい昼ご飯を抜いちゃったとき」（2人）「大事な仕事があるとき」「プレゼンなんかの緊張する会議の前」と答えていた。栄養ドリンク剤を食事の代わりにしたり、覚醒のために利用したりしていることがわかる。

　どこで買ったかについての回答は、多様であった。「薬局」「スーパー」「コンビニ」「会社の売店」が挙げられた。そこで買った理由は、「近くで便利」「安い」「他の買い物のついでに」という利便性にまつわるものが多かった。1人だけ「恥ずかしいから近所の薬局で」と答えた。この女性は、「薬局で買うと、『薬の一種』という感じで買いやすい。」と述べた。

(2) …………（以下省略）

アクティビティ

●ウェブサイトに入っているワークシートを使って、フォーマル・インタビューの練習をしましょう。データ収集、データ分析、結果の記述を行いましょう。

　クラス全体で「全体の問い」を一つ決め、それぞれの学生が「細かい問い」を二つずつ立ててインタビュー・データをとるという活動もできます。一定の時間内にそれぞれがクラス内を自由に回ってインタビュー・データを集めます。

　あるいは、「全体の問い」も「細かい問い」も全員で共通にし、それぞれが学校の外で対象者を見つけてインタビュー・データをとるのも面白いかもしれません。

●参考文献
小池和男（2000）『聞きとりの作法』（東洋経済新報社）

17

インフォーマル・インタビューを行う［実証研究］

　インフォーマル・インタビューとは、「相手を理解したいとき」や「相手の固有性を知りたいときに」、「相手の主導で」「時間をかけて」「自由に」「語ってもらう」インタビューです。

導入

　次の問いを追究する研究をします。❶「沖縄県の人々は沖縄の言葉に対してどのような意識を持っているか」、そして❷「その意識は年齢によって異なるか。」これら研究の問いを追究するために、沖縄県の人々にインフォーマル・インタビューを行うことにしました。インタビュー対象者を探したところ、戦争当時女学生だったという75歳のおばあさんを知人から紹介してもらうことができました。そこで、那覇からあまり遠くない街に一人で暮らしているこのおばあさんを家に訪ねました。玄関で自己紹介をした後、おばあさんが「さあ、どうぞどうぞ。」と茶の間に案内してくれます。さて、どんなふうにインタビューを始めたらよいでしょうか。

①「私は年齢によって、沖縄の人の、沖縄の言葉に対する意識がどのように違うかということを目的に研究をしています。」と、まずは、訪問の目的を説明する。
②茶の間で腰かけると、戦争当時と思われる写真が箪笥に飾られていたので、「いいお宅ですね。ところでこのお写真は？」とおばあさんに

聞く。

③ノートを取り出し、「では生年月日から伺います。」と、おばあさんの
　プロフィールを丁寧に聞いて書き取る。

④おばあさんが奥からお茶を持ってきて、「ああ、あんたは沖縄の言葉
　がわからないんだったね。今、このお茶は体にいいから、と言ったん
　ですよ。」と笑いながら言ったので、「へえ、もう一度教えて下さい。
　沖縄の言葉を少し覚えて帰りたいです。」と言う。

⑤茶の間に落ち着いておばあさんも腰をかけたところで、「ところで、
　戦争があった時にはおばあさんは女学生だったそうですが、戦争の体
　験は悲しかったですか。」と切り出す。

1. インフォーマル・インタビューにおける 対話の進め方

　ここで、有効な対話の進め方について考えましょう。インフォーマル・イ
ンタビューとは、「相手の固有性を理解したいときに、相手の主導で、時間
をかけて、自由に語ってもらう」手法でした。ですから、できるだけ相手か
ら話を引き出すようにすることが肝心です。

　最初は、「どうでした？」「どんなふうなのですか？」と相手が〈どのよう
にでも答えられるように〉切り出します。「悲しかったでしょう。」とか「飛
び上がるくらいにびっくりしたのではないですか。」と、こちらから方向性
を誘導しないようにします。

　相手が話してくれた中で、もっと膨らませて聞いてみたいことをつかんで、
その言葉を繰り返します。例えば、「お稽古事でもしていたい年頃の女の子
ですよね。」と繰り返すと、おばあさんは、そこから思い出して「内地に、あ
こがれの男性がいてね、またいとこに当たる青年だったんだけど、手紙を交
換していたっけね。」などと言うかもしれません。手紙の中で沖縄の言葉と
標準語を使い分けていたのか、まさに聞きたいところですから、「手紙を交

換していたんですね。」とその部分を繰り返します。おばあさんは、手紙について思い出すことを更に詳しく話してくれるでしょう。「あこがれの青年がいたんですね。」と繰り返してしまうと、話がそちらの方向に行ってしまうでしょう。このように、新しい言葉をこちらから提示せずに、相手の言葉の中で対話をしていくようにしながら、聞きたい方向に徐々に内容を深めていきます。

　上手にあいづちを打ち、よい聞き手に徹します。真剣に相手を理解しようとすればするほどよい話が聞けるものです（テレビ番組の「徹子の部屋」を思い出して下さい。黒柳徹子さんが聞き上手だからあの番組は長くにわたって愛されているのでしょう。）すべての発話のうち95％が協力者の話で5％が研究者のあいづちであったなら、そのインフォーマル・インタビューは大成功だといえます。後から研究結果を発表するときに報告できるのは、協力者の話した言葉だけです。小田は「『聞く』という行為のなかに、『語り手』に対する『尊敬』や『愛情』が必要なのだ。（中略）技術は多少劣っても、一生懸命聞けば、語り手は必ずそれに応えてくれる。」（2003、p.246）と述べています。

　どうしても聞きたいと思っていたことに触れないうちに時間が来てしまうようなら、「最後に一つだけ伺ってもいいでしょうか。」と切り出してこちらから聞いてもよいかもしれません。まだまだ話が聞けそうなら、またの約束をお願いしてもよいでしょう。

2.　録音とメモについて

　インタビューの前に、協力者の方の了承を得てスマートフォンなどの録音機器に音声を録音できるとよいでしょう。佐渡島はたいてい「せっかくよいお話を聞けても私の頭では全部を覚えていられないので、録音をとってもいいですか。」と聞きます。そして「研究以外の目的には録音を使いません。」と断ります。

　録音をしないでほしいと言われた場合には、記憶かメモだけを頼りに結果

を書くことになります。（録音と合わせてメモをとる研究者はたくさんいます。）佐渡島は、インフォーマル・インタビューの際にメモをとることが大変へたで、結局は録音を頼りに分析を行うことになってしまいます。相手の目を見ながら話を聞き、よい質問につなげていこうとすると、どうしてもメモは二の次になってしまうのです。メモを上手にとる人は、暗号のようにいろいろな印を予め考えておいて、あまり下を見ずに書くことができるそうです。

3.　インフォーマル・インタビューのデータ分析

　では、インタビューを終えたとしましょう。手元にスマートフォンなどの録音、あるいはメモ、または両方があるとします。録音をすべて文字に起すことができれば理想的ですが、文字起しには膨大な時間がかかります（文字起こしの会社もあります）。話し言葉に関する研究などではすべてを文字起しする必要がありますが、ここでは、部分的に文字起しをする方法を学びましょう。

　罫線の入ったノート（レポート用紙のように縦に開くノートが使い易いかもしれません）を用意します。6対4か7対3ほどのところで縦に線を引いて区切ります。左側に協力者が述べた言葉を、右側に研究者の解釈を記入するためです。

（「お化粧をすることはどのような意味があるのか」という問いを追求するために行ったインフォーマル・インタビューのデータ分析）

次のようにして記入していきます。スマートフォンなどの録音を流して聞きます。協力者の言葉を聞いて〈はっとした言葉〉や〈何かひっかかる言葉〉を左の欄に書き取っていきます。書き取る言葉は「一語」の場合もあれば「一文」の場合もありますね。「一段落」になる場合もあるでしょう。「あ、ここは私の研究の問いと関係がある。」とか「この言葉は後で引用したい。」とか「いったい、なぜここでこの話が出るのだろう。」などと感じた部分を書き取るのです。音をいったん止めて書き取ります。書き取る際には、正確に協力者の言葉を写し取るように注意します。(トランスクライバーという、足で音を止めたり進めたりできる、文字起こし専用の装置もあります。)

次に、書き取った言葉を読みながら、〈その意味すること〉を右の欄に記入していきます。「この一文は沖縄の人々の団結力を意味している。」と感じたら「沖縄の人の団結力」などと書き込みます。「標準語に対する思い」と書き込まれる部分があるかもしれません。「若い人の戦争に対する気持ち」、「60年経った時の気持ち」、「標準語と沖縄の言葉を使い分けている」と書かれる部分もあるかもしれません。このようにして、その発言が意味すると思われることを書き込んでいきます。

同時に、右の欄には、研究者の〈気づき〉も書き込んでいきます。例えば、「二つ目の研究の問に答えている！」。あるいは、「この部分は30分前に話していたことと矛盾しないか。」と感じたら、その部分と線で結んで「矛盾？」と書いておいてもよいでしょう。よく考えながら協力者の発言を読んでいると、たくさんの気づきを得ることができるものです。思ったことを自由に記入してみて下さい。左の欄の一言に対して、右側に何行にもわたる書き込みができることもあります。

こうした「意味づけ」や「解釈」の過程を「コーディング」と呼びます。書き込んだ言葉は「コード」です。大型調査では、収集したデータを、予め定められていたコードで分類する作業がいわば演繹的に行われることがあります。しかしインタビュー・データは帰納的に行います。先入観に縛られることなく現実を捉えようとしているわけです。

さて、右側の欄の書き込みが終わったら、今度は右側の欄だけを見ていって〈書き込み同士の関係性〉について考えます。「関係性」とは、例えば、

繰り返されていることはないか、一つに括ることができるものはないか、背反するものはないか、矛盾することはないか、などです。この作業を通して更に気づくことが出てくるので、それらの気づきもペンの色を変えて書いておきます。この段階の書き込みは欄外になるかもしれません。

　ここまで幾重にも作業をしてくると、このインタビューから抽出できる話題が浮かび上がってくるでしょう。ここでいう話題とは、協力者が意図して出した話題のことではなく、研究者が自分の研究の目的という視点から整理した話題のことです。一つの話題に集約されているインタビューもあるでしょうし、二つか三つの話題を抽出できるインタビューがあるかもしれません。同じテーマで別の人にインフォーマル・インタビューを行った場合、共通する話題が出る場合もありますが、多くの場合はその人に固有の話題が抽出されます。（むしろ、それがインフォーマル・インタビューのねらいでしたね。）

4.　インフォーマル・インタビューの記述

　インフォーマル・インタビューは、上の段階を経て浮かび上がってきた話題ごとに記述していきます。話題を見出しに出すと上手くいきます。要するに、時間に沿って行われた対話を、話題ごとに整理しなおして読者に提示するわけです。

　話題ごとと言っても、一つの話題の中でいくつもの事柄が記述されていくでしょう。この時に段落を有効に使います。［文章編］第5章で学んだ「パラグラフ・ライティング」で書き進めると、インタビューの報告はわかりやすくなります。段落の第一文目を、この段落が何に関するものなのか読者にわかるように書くのです。

　協力者が実際に話した言葉をふんだんに引用をすることがコツです。左側の欄に書かれてある実際の発言を引用します。語句だけの引用、一文の引用（文末は文章に合うように工夫します）、段落のブロック引用を使い分けながら、できるだけインタビュー協力者が語った言葉を生かした記述にします。

そして、その言葉が何を意味するのか、研究の目的からみると、その意味するところからどのようなことが言えるか、を記述していきます。つまり、引用と解釈を繰り返しながら、研究の問いに対する答えを探っていきます。文化人類学者のクリフォード・ギアーツ（Geertz, Clifford, 1987）は、この、幾重にも解釈を重ねて意味づけを行った記述を「Thick Description（厚い記述）」と名づけてその有効性を唱えました。

　こうして、引用と解釈を繰り返しながら研究の問いに対する答えを探っていくと、記述は自ずと長いものになります。

5.　インフォーマル・インタビューにおける「私」の位置

　理工学部ではレポートに「私」という言葉を書くと教授に叱られる、という話を聞いたことがありませんか。データの客観性を重んじる分野では、分析過程や記述に主観を入れないことが重要だからでしょう。人文社会科学系の分野でも、ひと頃はデータの客観性を重んじて「私」と書いてはいけないという指導を行っていた時代がありました。しかし、現在は、多くの分野で「誰の目で見たデータなのか」「どのような立場から解釈されたのか」という点がむしろ重要だと言われるようになってきました。例えば、同じインタビュー発言を女性が聞くのと男性が聞くのとでは感じることが違うのが当然です。協力者の反応も違うでしょう。そして、女性だから気づくことや男性だから見えることがむしろ研究の結果として意味があると言われるようになったわけです。そのようなわけで、「私の視点」は分析過程から排除することはできません。感じたことが明確に説明される限り自分の主観を生かして解釈をしてよいのです。また記述も、筆者独自の解釈が見えてもよいのです。

　［文章編］第13章では「私語り」はやめましょうと学びましたが、分析過程に「私の視点」を入れるということとは矛盾するものではありません。「私」独自の視点そのものを明らかにし、その視点ゆえに捉えられた現象を証拠を挙げて示すことによって、「私語り」はやはり避けられるはずです。

6. インフォーマル・インタビュー報告の構成

　インタビュー内容の報告の前後に、空行を入れて、一段落ずつの前書きと後書きを書くことをお勧めします。前書きでは、インタビュー協力者の簡単な紹介、インタビューに至ったいきさつ、どこでどのような状況でインタビューが行われたかなどを書くとよいでしょう。後書きでは、話題を復習するような要約を書くとよいでしょう。

　次は、インフォーマル・インタビュー報告の一例です。「お化粧をすることはどのような意味があるのか」という問いを追究するために15人の協力者にインフォーマル・インタビューを行いました。その中の一人、Aさんのインタビュー結果です。インタビューの内容を報告している部分はパラグラフ・ライティングになっています（［文章編］第5章参照）。段落の最初に段落内容を統一した文が書かれています。

　Aさんは、□□□□□□□
　（プロフィール紹介）
　（自分とAさんとの関係を紹介）
　（Aさんの印象を記述）
　（インタビューの状況を報告）

〈空行〉

　Aさんのお化粧に対する意識は4年間で変わったという。□□□□□□□□□（詳しい記述）□□□□（発言を引用しながら）□□□。
　Aさんのお化粧に対する考えは、お化粧をするようになったきっかけと関連しているようだ。Aさんが始めてお化粧をしたのは、□□□□□□□□□（詳しい記述）□□□□（発言を引用しながら）□□□□□□

□□□
□□□□□□□□□□□□□□□□□□□□□□□□。

　Ａさんは、自分が人にどう見られたいかを強く意識しているという。
□□□□□□□□□（詳しい記述）□□□□（発言を引用しながら）□
□□□□□□□□□□□□□□□□□□□□□□□□□□□□□□□□□□□□□□
□□□□□□□□□□□□□□□□□□□□□□□□□□□□。

　ではＡさんは、お化粧をしているときとしていないときとでは、意
識は変わるのだろうか。□□□□□□□□□□（詳しい記述）□□□
□（発言を引用しながら）□□□□□□□□□□□□□□□□□□□□□
□□□□□□□□□□□□□□□□□□□□□□□□□□□□□□□□□□□□□
□□□□□□。

〈空行〉

　Ａさんのインタビューをまとめよう。Ａさんにとってお化粧をすると
いうことは何を意味するのか。特徴的な意味は三つあった。一つ目は、
□□□□□□□□□□□□□。二つ目は、□□□□□□□□□□□□□。三
つ目は、□□□□□□□□□□□□□である。

　真ん中の、インタビュー内容の報告部分は何ページにも及ぶ長さになるで
しょう。それだけに、話題ごとに記述をしてわかりやすく報告することが大
切です。話題ごとに見出しをつけて区切ることもよいでしょう。

◉ウェブサイトにあるワークシートを使ってインフォーマル・インタビューの練習をしましょう。クラスを二つに分けて、それぞれのグループが別の「研究の問い」を追究することにするのも面白いです。別のグループの人同士が組になってインタビューし合います。この場合は、予め二つの研究の問いを用意しておき、それぞれのグループに、相手グループにはわからないように問いを伝えておきます。

●参考文献

小田豊二（2003）『「書く」ための「聞く」技術』（サンマーク出版）

クリフォード・ギアーツ（1987）『文化の解釈学』 吉田禎吾, 柳川啓一, 中牧弘允, 板橋作美訳 （岩波書店）

18

実証データの整理をする［実証研究］

　データの収集が終わりました。あなたの手元には、数字や言葉が書かれたたくさんの用紙やメモがあることでしょう。結果の章を書き始める前に、それらのデータを入力したり整理したりしましょう。実は、論文を書く全行程のうちでこの段階が最も時間を要する段階になることがしばしばあります。そしてその作業、つまりデータの入力や整理は孤独で辛抱を要する仕事です。けれども、この段階で作業がいかに丁寧になされているかは、データの解釈や考察の質に反映されます。皆さんがとったデータは、世界でただ一つのオリジナルです。適切な方法で入力、整理しましょう。

導入

　次のうち適切な行動はどれでしょう。また、なぜですか。

①フィールドに出かけて観察したことをノートに記録しておいた。まずはそれを物語風に表現しながら、時間順にコンピュータに入力しておこう。

②フォーマル・インタビューで、20人から三つの質問を聞き取って手書きで記録した用紙がある。まずは、20枚の用紙を質問ごとに切り分けて、全体を質問ごとの束にまとめよう。

③一週間でインフォーマル・インタビューの結果を「結果の章」にまとめなくてはならない。手元には音声記録が5時間分ある。大急ぎで、音声の文字化を開始しよう。

④数字で表現される事柄を観察したので、それをワードの表に入力しよ

う。罫線を碁盤の目にしてマトリクスにすればわかりやすい表ができる。

1. 観察データの整理

1.1. データの管理

　フィールドで起きたこと、見たこと、聞いたことをノートに書いたり、録音機器に録音したりしたことでしょう。長期間にわたって観察が行われた場合は、それらの記録が、いつ、どこで、何を見て、誰の言葉であるかを、後から見てわかるように書き留めることが大切です。長い旅行から帰ってきて写真を現像してみたら、どこで撮った写真なのか思い出せなくなってしまったという経験はありませんか。そのようなことが起きないように、まずはデータを正確に残すように管理します。

　文化人類学者が数ヶ月間、未開の地で観察を行う際に、電気のないテントに暮らしながらデータを正確に記録することは大変なのだそうです。日が沈まないうちにテントに戻って、その日の記録を完成させる必要があるからです。丁寧な記述をするためには、記述に使う時間が、実際に観察をした時間より長くなるのです。その日のできごとをその日のうちに記録したいので、夜遅くまで懐中電灯をつけて記録をつけたという話をよく読みます。

　『サンダカン八番娼館』の著者山崎氏（1975）は、記録をはがきに書いて、その都度、東京の自宅に宛ててポストに投函したと言います。この研究の場合、記録をとっていることを一緒に住むインタビュー対象者に気づかれないようにする必要があったためです。現在では、山崎氏の行為は人権の保障という観点から許されないでしょう。しかし「新鮮な」記録をとどめるための山崎さんの工夫と努力には、大いに学ぶべきものがあります。

　こうして時間順の観察記録が、正確に充実した内容で残されていることがよい研究の大前提となります。

1.2. データの解釈

　次は、その記録を解釈する段階です。アメリカのカーネー（1990）は、「分析のはしご（Ladder of analytical abstraction）」として、質的な研究における解釈のステップを次のように整理しました。「①データをコーディングする段階」、「②パターンや傾向をつかむ段階」、「③自分の予測と比較する段階」、「④［深い構造］の輪郭を捉える段階」です。

　インタビューの章でも触れたように、生データそのものの記録から、結果の章にまとめられた内容とでは、大きな変化があります。その間に幾重もの解釈が入るからです。一つ一つの段階を詳しく見てみましょう。

①データをコーディングする段階

　観察の際にそもそもそのことに気を奪われて記録しようと思ったこと自体、観察者であるあなたに何らかのインパクトがあったからでしょう。なぜそのことを記録にとったか、どんな驚きや疑問を感じたのかを書き添えます。その方法は人によって異なります。観察記録の横のマージンに記入する人もいるし、色ペンで文章中に印をつける人もいます。この作業を「コーディング」と呼びます。書き添えた言葉や印を「コード」と呼びます。

　コーディングは観察者の主観によって行われます。例えば、西洋の研究者がはじめて日本を訪れて食事の風景を見たら、箸をとる前に全員で何か大声で言っているが何と言っているのだろう、と思うことでしょう。同じ光景を日本人が見ても「いただきます。」は記録に残さないでしょう。ここでは、西洋の研究者が日本人を観察しているという視点が大切なのであって、誰が見ても同じように印象に残る事実だけを記録することがよいというのではありません。

　「コード」となる言葉や印は予め考えておくのではありません。一つ一つの記録に対する思いや気づきを正直につけていき、後からコードの分類を考えます。つまり、コーディングはデータを帰納的にとらえるための最初の作業です。

②パターンや傾向をつかむ段階

　次に、それら書き込みに何らかのパターンがないかどうかをじっくりと見ます。ノートを何度もめくり、記録を行ったり来たりしながら考えます。繰り返し出てくるコードはないか、グループにまとめたくなる、似ているコード群はあるか、矛盾するコードはあるかなどを見て、パターンを把握します。

③自分の予測と比較する段階

　②である程度のパターン、全体傾向を捉えることができたところで、自分の予測と比較します。自分の予測と一致するような傾向があれば、「やはり〇〇だといえる」という結論に近づきますし、自分の予測と一致しない傾向があれば、なぜ一致しないのかを考えます。ここで大切なことは、予測と一致すればよい観察で予測と一致しなければ不十分な観察だったと考えないことです。リアリティを捉えるために観察データを集めたのですから、自分の予測ではなく観察データからリアリティを抽出しなければ意味がありません。ですから、むしろ自分の予測と一致しなかった場合に、観察データは自分が予測できなかった、どのようなことを表しているか、またなぜそれを自分は予測しなかったか、と考えていくことに意味があります。この段階は、したがって、②にさらに別の次元の解釈を加えた段階であるといえます。

④「深い構造」の輪郭を捉える段階

　最後に、①、②、③の三重の解釈を経て見えてきたことがらを統合させます。いろいろな要素が絡み合っている様子が構造として浮かび上がってきたのではないでしょうか。カーネーはそれを「深い構造」と呼んでいます。観察した対象を多面的に、構造化したものとして捉えるようにするわけです。この段階に到達すると、時間順に事柄を記録した観察ノートの記述とはまったく異なる記述をする準備ができたという感じを持つことができます。

　結果の章では、四つの解釈段階を経て浮かび上がってきた事柄を結果として記述します。つまり、時間順ではなく、「話題別」に記述をします。このことは、インタビューを扱った章でも練習をしてきましたね。観察対象に関して、抽出された話題を、それぞれ見出しをつけて書きます。各々の話題の

中では、観察事実と解釈の区別が読者にわかるように書き綴っていきます。つまり、実際に見聞きした事柄は、解釈の証拠として提示していくことになります。人の言は引用によって実際に聞いたとおりに載せれば、生き生きとした記述になりますし、証拠が提示されているので科学的です。

　記述には、③で説明したとおり観察者の主観も込められていますが、証拠と解釈の双方を書いていくことによって、読者は、観察者が何を見聞きしてそれをどのように解釈したのかということがわかるわけです。

　この、観察者の主観を入れてよいのかどうかという問題は、研究方法の歴史上では問題になってきました。実験によって観察を行い、統計によってデータを分析する研究が主流を占めていた時代には、誰が行っても同じ結果になることが「科学的である」と言われていました。しかし、質的研究方法の台頭によって、誰の目から見てそのリアリティが捉えられたのかということも、「科学というべき」だと言われるようになりました。すなわち、外国の人だからこそ捉えられたリアリティ、社会のマイノリティだからこそ見えるリアリティもある、それも本質の一つであると考えられるようになったのです。

2.　フォーマル・インタビュー・データの整理

　すでに「フォーマル・インタビュー」の章で学んだように、全体の傾向をつかむことを目標にして記述を行います。ここでも、傾向の記述説明すなわちあなたの解釈の中に証拠をふんだんに織り交ぜて書き進めます。

　段落ごとに、何を報告しようとしているかをトピック・センテンスに書き表すとわかりやすい報告になるでしょう。例えば、最初の段落では「まず、大まかな全体像を見よう。」などと案内を書いて全体像を報告します。次に二番目の段落で「では、7割を占めた○○を見よう。」と述べてその7割の内訳を詳しく報告します。そして三番目の段落では「残り3割の対象者はどのように意識していただろうか。」などとして残る部分の内訳を説明する、と進めることができます。

3. インフォーマル・インタビュー・データの整理

　上述の観察記録を解釈するのとまったく同じように段階を踏んで解釈を重ねていきます。コーディング、コーディングのパターンをつかむ、自分の予測と比較する、[深い構造] を捉える、という段階です。

　そして結果章を書くときには、やはり見出しをつけて「話題別」に記述をします。この話題別に書く際も、[文章編] で行った「パラグラフ・ライティング」手法を使うととてもわかりやすい文章を作ることができます。各段落の最初の一文で、その段落中の内容を括って報告するのです。

4. 映像分析のデータ整理

　独立した章を設けて説明することのなかった、映像分析のデータ収集とデータ整理の方法をここで少し取り上げましょう。

　映像分析とは観察の手法の一つで、映像を撮ってそれを分析することによってリアリティを捉えようとするものです。静止した画像と動画を含みます。ここでは動画を使った研究の例をみながら映像分析の方法を学びましょう。

　ラオスの子どもたちと日本の子どもたちがどのように笑うか、違いはあるかということを究明しようとしたとします。まず、子どもが笑う場面を、ラオスと日本で設定しなくてはなりません。できるだけ同じような条件を設定するために、ラオスでは日本の着ぐるみ劇を公民館で観る場面、日本では後楽園でのキャラクター・ショーを観る場面を選びました。どちらも多くの子どもが始めて観る設定であり、内容がヒーローものであるという点で共通しているので、比較するのが妥当であると考えました。

　ビデオ・カメラを持ち込み、劇の一部始終を撮影しました。カメラはどちらも、画像の中に二十人ほどの子どもの顔が見える位置に固定しました。劇の方は撮影せずにずっと観客の方に向けてカメラを回しました。

撮り終えたテープの中で、それぞれから15分間ずつを選んで比較分析することにしました。選んだ部分は、それぞれの国で最も笑いが多かった部分です。テレビ画面でテープを見ながらストップ・ウォッチで測り、4秒おきに画面を止めて、子どもの笑っている様子を1枚ずつの紙に記録していきました。それぞれの国で225枚ずつの記録用紙ができることになります。

　この記録用紙は予め、研究目的に見合ったものを作成しておきます。この場合は、各々の国で、特定の子ども「A」、「B」を決め、それに加えて「全体」という枠を作りました。「A」は女の子、「B」は男の子です。四人とも、幼稚園年長から小学校1年生くらいの年齢の子どもを選びました。つまり、用紙には、二人の個人と一つの全体に対する枠があります。それぞれの枠の

■ラオス（184秒）

	笑いの有無	笑い方 （どんなふうに）	笑いの程度	何に対して （笑いの対象）
A	○	首をかしげて笑う（少し怖がっている）。手を前に組み、「お祈りのポーズ」をとっている。体をやや後ろに引いている。	4	王様
B	○	背中を丸めて少し前かがみになり、顔を上げて直視し、やわらかい笑顔。	4	王様
全体		男の子が3人明るい笑顔で前のめりになっている一方、女の子2人・男の子2人は眉をひそめてじっと対象をみている。座っていた男の子が思わず立ち上がった。		王様

ストーリー
『サルはまだか！』と王様が怒る。

230

中に「笑いの程度」（程度を分類した先行文献を見つけ、その分類を使った）を数字で、そして「笑い方」を言葉で記述していきました。用紙の一番下には、劇がどのような場面なのかの記述をする枠も作っておきました。

　合計225枚の用紙を集計したところ、それぞれの国で浮かび上がった特徴がいくつか出てきました。それを観察者の解釈と合わせながら、結果の章に記述しました。

　幼稚園における園児の動きを調査するために映像分析をした研究も見たことがあります。各部屋にとりつけたカメラを一日中まわし、撮影が全て終わった後で1分ごとに撮影テープを止めて、それぞれの園児がどこにいるかを用紙に記録していました。この研究では、幼稚園の見取り図が記録用紙として使われました。

アクティビティ

◉収集したデータを整理しましょう。結果の章として記述する前に、表や図を作ったり、インタビューの話題を抽出したりしましょう。

●参考文献
山崎朋子（1975）『サンダカン八番娼館－底辺女性史序章－』（文藝春秋）
Carney, Thomas F. (1990) *Collaborative Inquiry Methodology.* (Windsor, Ontario, Canada: University of Windsor, Division for Instructional Development)

19

研究結果の章を書く[実証研究]

導入

　データの収集が終わり、データを入力・整理して表と図に示すことができました。結果をよく見ると、自分が予測していた結果と異なります。さて、どうしたらよいでしょうか。

①研究手法が悪かったと判断して別の研究手法でやってみる。
②研究結果に合うように研究目的を変えることにして、序章を書き直す。
③「結果は、自分の予測と異なった。」と書く。
④自分の予測していた結果が出るまで研究協力者を変えてデータを集め続ける。
⑤なぜ自分の予測と違う結果になったのかを考えて、思ったことを書く。

　収集したデータを表や図に整理する方法については、[文章編] 第12章「図や表を使う」で詳しく学びました。留意点を思い出して図や表を作って下さい。ここでは主に、言葉で記述する部分について学びましょう。

1. 〈観察〉の結果記述

　特定の情報を収集することを目的に観察を行った場合は、フォーマル・インタビューの章で学んだように、項目ごとに観察結果を整理して記述します。

そして、それがどのような意味を持っているか、研究の問いにどのように答えているかを言葉で綴っていきます。

　対象の固有性を理解するために時間をかけて特定の対象を深く観察した場合は、インフォーマル・インタビューの章で学んだ解釈過程と同様に、一つ一つの事象の意味を考え、解釈の層を重ねて、話題を抽出します。

　抽出した話題を見出しに示すと読者にはわかりやすい文章になります。また、「パラグラフ・ライティング」の手法を生かして段落を作ると、やはり読者にとってわかりやすい文章になるでしょう。

2. 〈フォーマル・インタビュー〉の結果記述

　フォーマル・インタビューは、質問項目ごとに結果を報告します。質問項目ごとに見出しをつけるとよいでしょう。

　パラグラフ・ライティングをして、段落ごとにどのような形式で報告をしているのかを読者がわかるように書き進めるとうまくいきます。例えば、最初の段落で全体の傾向を示すとします。「まず全体の傾向を見よう。約8割の研究対象者が〜と答えた。残りの2割の対象者は三つの分類に分けられる。〇〇、△△、□□である。」などと書きます。最初の一文、「まず全体の傾向を見よう。」が段落の内容を統括しています。

　次の段落で8割を占めていた対象者の声を載せるとしましょう。「全体の8割を占めた〜の対象者からはどのような声が聞かれたか。最も多かった声は『　』というものである。次に…」などと書けますね。最初の一文、「全体の8割を占めた〜の対象者からはどのような声が聞かれたか。」が段落の内容を統括しています。

　三つ目の段落で2割の対象者について詳しく言及するとしましょう。「では、残り2割の対象者がどのような意識を持っているかということを三つの分類のそれぞれについて報告する。…」などと書き出します。このように、パラグラフ・ライティングの原則で読者を上手に誘導しながら進めます。

　インタビューの章で学んだように、適宜、対象者の実際の声を引用して、

生き生きとした報告に仕上げて下さい。最も重要なのは、対象者の生の声ですから。研究者のあいづちや質問の言葉を書く必要はありません。また、「あまり質問しなくても、よくしゃべってくれたので助かった。」などの感想を挿入する必要もありません。

3. 〈準フォーマル・インタビュー〉の結果記述

　基本的には、フォーマル・インタビューの形式に則ります。そしてある一点について協力者が詳しく話した部分を書く際には、いくつかの段落をその一点の報告に割くようにします。その場合も、読者にそうとわかるように、段落の始めの文で示すとよいでしょう。

4. 〈インフォーマル・インタビュー〉の結果記述

　インフォーマル・インタビューは、質問ごとではなく、人（またはグループ）ごとに報告します。記述は、すでにインタビューの章で学んだように、時系列のままになっている録音や文字起こしされた文章を話題ごとに組み替えて報告します。①まず紹介の段落を書き、一行空けて、②インタビューの中身を報告し、最後にまた一行空けて、③まとめを書くとわかりやすい報告になります。

　フォーマル・インタビューと同様、研究者の質問の言葉は引用しません。解釈を書く際に「キーワードは〇〇であろう。」などの分析過程を追うような記述も必要ありません。

5. 〈映像分析〉のデータ整理と結果記述

　映像分析では、映像を何秒ごとに止めて観るかを決めて、予め用意したシー

トに観察結果を書き込んでいきます。研究の目的に合わせて何と何を観るのかを特定するとシートの形式が決まってきます。

　そして、記入し終えたシートから必要なデータの整理をします。数字で示すことのできる結果と記述して示した方がよい結果とがあるでしょう。記述の場合は、段落を上手く利用して話題をわかりやすく提示しましょう。

6.　表や図を使った報告

　表と図は、それぞれに通し番号をつけます。表1、表2、表3…、図1、図2、図3…となります。

　題は、表や図の中身がわかるように、丁寧に用語を出します。例えば「プロポーズの言葉」、「インタビュー結果」という題では、内容まで特定することは困難です。「プロポーズの言葉があったかなかったか（20代と50代の比較）」、「インタビューにおける質問3『なぜその枚数のパンツを持っているのですか』に対する解答」などと具体的に内容を示します。長くなってしまっても構いません。目次の次のページで、表の題と図の題が並んだときに、その論文が目指すところの研究内容がよくわかるように題が書かれてあることが理想です。

　一般に、表の題は表の上方に、図の題は図の下方に書きます。表は、シカゴ書式やAPA書式では縦線なしで書きます。人の目線は横に流れるので、縦線のない表は横並びの情報に目が向きやすくなるのだそうです。コンピュータが普及する以前、英文をタイプライターで書いていた頃の名残りでもあるのでしょう。詳しくは［文章編］第12章「図や表を使う」を参照して下さい。

7.　研究結果の章の構成

　結果の章全体の構成はどのようにしたらよいでしょうか。
　研究結果の章の構成は、基本的には、研究方法の章の中の「研究過程」で

示した順序に沿っているとわかりやすくなります。そして最後に「結果まとめ」の節をつけるとよいでしょう。例えば、研究方法の章で「この研究では、まず一人何冊読んだのかの観察をする。次に、無作為でインタビュー対象者を4人選んで、どのようにしてそれらの本を読んだのかを聞く。」と述べたとします。その場合、研究結果の章では、第1節を「何冊読んだかの観察結果」、第2節を「どのように読んだかのインタビュー結果」、第3節を「結果のまとめ」などとすればわかりやすくなります。

　研究方法の章は、そもそも研究目的を細分化した問いに沿って書くとよい、と学びました。ですから、研究目的の章▶研究方法の章▶研究結果の章と、どの章も同じ項目が同じ順序で提示されればわかりやすい論文になります。

8.　研究協力者に関する記述

　最後に、協力者の名前は、第15章で学んだように、本名で載せるかどうかを情況によって判断します。仮名にしたり頭文字で示したりすることが可能です。その場合は研究方法の章で断ります。

　協力者について記述する際は、敬語を使う必要がありません。論文の中では、たとえ協力者が目上の人であっても「インタビューに応じて下さった。」、「～とおっしゃった。」などの表現はいっさい使いません。すべて常体で書きます。「○○さん」と呼ぶのは構わないでしょう。

アクティビティ

◉研究結果の章を書きましょう。この章は、比較的長い章になるでしょう。まずデータの整理をして必要であれば表や図に表します。それから記述をしていきます。読者が迷子にならないように、わかりやすい構成にしましょう。

9. 研究の問いと研究結果の整合

　データを整理し、その内容を研究結果の章として文章にしたとしましょう。ここで今一度、研究結果の書き表し方が研究の問いに答える形で提示されているかどうかを確認しましょう。例えば、研究の問いが「○○はどのようなものであるか。」（whatを問う研究）であるのに、研究結果が「理由の分類」（whyを問う結果）で報告されているようなことはありませんか。詳細な分析を夢中で行ううちにずれてしまうことがあるものです。

　このようなずれに気づいたならば、研究結果の書き表し方を修正しましょう。トピック・センテンスの表現や見出しで使われている言葉を直すだけで、問いと結果報告がぴたっと一致するようになる場合が多いものです。

　また、この段階で問いを修正することも可能であることを念頭に置きましょう。取れたデータの性質を考え、問いを修正した方が有効であると判断した場合には、全体の問いや細かい問いに手を加えます。

　この、研究の問いと研究結果の調整は、質的研究においては、むしろデータ収集の段階から常に意識するとよい点です。両者を行ったり来たりして微調整をくり返すと、焦点が明確な論文が仕上がるでしょう。

20

考察と結論の章を書く［実証研究］

　決定された研究の方法に沿ってデータを収集し、データの整理を終え、研究結果の章が書けたとします。次は考察の章です。考察の章の後は結論の章です。第2章「論文の構成」で学んだように、考察の章と結論の章は、一つにまとめられる場合もあります。本書では別々の章として扱いますが、考察の章と結論の章を、一つの章の中の節として扱ってもよいでしょう。

導入

　次の内容は、どの章に含めるとよいでしょうか。序章、先行研究の章、研究方法の章、結果の章、考察の章、結論の章に分けましょう。

①収集したデータを整理した表

②この研究テーマが重要である理由

③調査をいつ始めるか

④自分の研究結果が先行研究の結果と同じか異なるか

⑤インタビュー質問を事前調査した結果

⑥研究の問いを細分化した問い

⑦同じテーマで過去に行われた研究の結果

⑧自分の研究結果が今後、社会にどのような影響を与えることができるか

⑨研究結果をみて、研究対象者の分類の仕方を変えればよかったと思うこと

⑩研究対象の規模

1.　考察の章に書く内容

　考察の章と結論の章を分ける場合、考察の章では自分の研究に関するコメントをします。論文の構成を学んだ際に、◎の章（自分の研究について書く章）と▲の章（自分の研究と他の研究の関係について書く章）を区別しました。考察の章は◎だと考えましょう。以下二つの事がらを書きます。

---

①研究結果に対する全体的な振り返り
　そもそもの研究の問いに対して答えが出たかどうか、どのように出たのかということを書きます。結局、研究目的は、このように果たされた、あるいは果たされなかったなどです。
　序章で予測を述べた場合は、予測通りになったのかどうか、予測と異なる結果となった、なぜか、などを書きます。

②自分の仕事に対する振り返り
　自分がとった研究の方法に対する振り返りをします。例えば、選んだ方法はこの研究目的を追究するために有効であったか。有効であったなら、どこがどのように有効であったのか。もし、方法に問題があったとすると、どこがどのように問題であったか。どんな代案が考えられるかなどを書きます。

---

　②の、自分の仕事に対する振り返りは、単に自分の反省として書くのではありません。これから先、同じような研究をしたいと思った他の研究者に向けてのメッセージとして書くのです。それらの研究者はこの章を読んで自分の研究方法を組み立てます。ですから、よかった、よくなかった、という評価だけでなく、どこがどのように有効で、どこがどのように問題だったかということを詳しく、具体的に書く必要があります。
　考察の章は、他の章とは伝える内容が一レベル異なっています。自分の研

究「について」語るレベルです。この章はとても自由に、成功点や反省点や他の研究者に対するメッセージを書くことができます。佐渡島は、結果章での分析や記述が終わった安堵感も加わり、考察の章がすべての章の中で一番楽しく書けます。

　考察の章は楽しく書ける章である一方、研究者の洞察力が問われる章でもあります。なぜそうなったと思うか、なぜそうならなかったと思うかなど、多角的に検討をして物事の関連性を十分に検討することが求められます。

2.　結論の章に書く内容

　同じく考察の章と結論の章を分ける場合、結論の章では自分の研究と分野における他の研究との関係を論じます（▲の章）。

①先行研究の章で紹介・検討した先行研究と自分の研究の結果との比較

　「〇〇の研究とまったく同じ結果になった。」としたら、それが何を意味するかを書きます。あるいは、「〇〇の理論を検証したことになった。」のであれば、それが何を意味するかも書きます。「〇〇の研究とは異なる結果が出た。」というのであれば、どのように異なるか、なぜか、ということを論じます。

②自分の研究範囲の限界と次の研究内容の示唆

　自分の研究目的を振り返り、その範囲について改めて言及します。そして、今後の研究では、その範囲を超えてどのようになされるのがよいと思うかという展望を書きます。例えば、「本研究では、固有の私立大学に通う学生を対象に調査を行った。この大学では全国からの出身者が集まっているものの、日本の若者全体の傾向を捉えるには偏りがある。国公立大学や専門学校の学生、大学に通わない同年齢の人々に対象を広げて調査を行えば、より適切に全国の若者の傾向が捉えられる。」などと書きます。

③この研究の、実社会への貢献

　この点については、すでに序章で触れている場合が多いでしょう。序章で、

研究目的がどのように社会に役立つかという、研究の意義を書きましたね。研究結果が出された今、改めて研究結果の意義を特定します。例えば、「本研究で明らかになった、日本に住むブラジル人の教育観は、今後日本の学校に通うブラジル人子弟に対する理解を深め、教育プログラムを作成する上で役立てていくことができる。」などと述べます。

④この研究の、学術分野への貢献

　「ここで試みた新しい分析方法は、○○の分野で新しいものであったが、有効であることが明らかになった。今後、○○の分野でさらにこの分析方法を使った研究が増えていくことにより、――がより解明されるだろう。」などと主張します。

　考察、結論、どちらの章においても、以上のすべての項目を網羅しなくてはならないというのではありません。研究のテーマや状況によってどの項目を含めるのが適切かを判断しましょう。

3.　先行研究に関する記述

　考察の章や結論の章においても先行文献に触れることがあります。その先行研究は、前の章ですでに登場しているものであるかもしれません。あるいはまた、考察や結論の章で初めて登場することもあります。先行文献は、どの章で初登場させなければならないかという決まりはありません。

　同じ文献を異なる章で登場させて、繰り返し言及しても構いません。多くの場合、先行研究の章で内容が紹介された先行研究が、考察の章や結論の章で再登場し、研究結果を比較されるということになります。

アクティビティ

●考察の章と結論の章、あるいは双方を合わせた章（「結論の章」と呼んでもよい）を書きましょう。

21

題をつける、要旨を書く
［文献研究］［実証研究］

　この章では、本文を書き終えた後に書く部分、題と要旨の作成の仕方を学びましょう。

　題は、研究が終わった時につけるのが理想的です。内容のすべてがわかっていますから、最も適切な題をつけることができるのです。現実には、研究計画書を予め指導者に提出することを求められます。その場合には、後から修正をする余地があるとよいと思います。少なくとも、副題を後から提出できるような体制になっているとより適切な題が論文に付けられることになるでしょう。

　まず、題のつけ方について考えましょう。

導入

　「プロポーズの言葉は世代によって異なるか、異なるとしたらどのように異なるか」という研究をしましたね。（第15章「研究方法の章を書く」です。）20代、40代、60代の、それぞれ既婚者15人ずつにフォーマル・インタビューを行いました。

　この研究に題をつけたいと思います。主題と副題をつけます。次のうちのどれがふさわしく、どれがふさわしくないでしょうか。

①プロポーズの言葉は世代によって異なるか
　－20代、40代、60代の既婚者へのインタビュー－
②「わしのパンツを洗ってくれ」
　－20代、40代、60代の既婚者に聞くプロポーズの言葉－
③日本における男女の結婚観－プロポーズの言葉にみる－

④既婚者に聞くプロポーズの言葉－質的研究－
⑤何とプロポーズされましたか
　－インタビューで既婚者に聞くプロポーズの言葉－

　この研究は、文献研究によって追求することも可能です。
　次の題はどうでしょうか。
⑥「等価交換だ 俺の人生半分やるから お前の人生半分くれ！」
　－2000年代少年漫画に見るプロポーズの言葉－
⑦漫画・アニメにおいてプロポーズはどのように表現されているか
　－結婚が自明でない時代の恋愛の終着点－
⑧婚約破棄、悪役令嬢、そして溺愛
　－現代日本のYA小説における制度としての結婚－

1.　題の役割

　研究の題は、研究の中身を表します。中身を表すと同時に、他の論文との違いを示します。

　主題と副題で補い合わせながら研究の中身を伝える工夫をすると、より的確な題をつけることができます。論文雑誌の中には、すべての論文の題が主題だけというものがあります。なぜそのようになっているのでしょうか。参加している研究者の数が少ない学会では、主題だけの題でもそれぞれの論文の中身が区別できるのです。しかし研究者の人数が多い分野では、主題だけの題ではそれぞれの論文の中身を他と区別するように示すことが困難になります。ですから主題と副題をつけるのです。洗面所の棚に瓶を並べて置くとき、「薬」、「洗剤」、「化粧水」とラベルに記入しておくことは役立ちます。しかし薬局の棚に並んだ瓶に「薬」と書いたラベルをつけておいても役立ちません。それと同じです。

2. 主題と副題による題

主題と副題の関係を整理してみましょう。八例挙げてみました。

①テーマ－研究方法－
　　例：プロポーズの言葉
　　　　－20代、40代、60代の既婚者へのインタビュー調査－
②テーマ－細分化された研究目的－
　　例：既婚者に聞くプロポーズの言葉
　　　　－三つの世代間で比較する－
③研究の問い－研究方法－
　　例：プロポーズの言葉は世代によって異なるか
　　　　－20代、40代、60代の既婚者へのインタビュー－
④キャッチ的－学術的－
　　例：「わしのパンツを洗ってくれ」
　　　　－20代、40代、60代の既婚者に聞くプロポーズの言葉－
⑤疑問形－非疑問形－
　　例：何とプロポーズされましたか
　　　　－インタビューで三つの世代の既婚者に聞く－
⑥キャッチ－資料－
　　例：「等価交換だ 俺の人生半分やるから お前の人生半分くれ！」
　　　　－2000年代少年漫画に見るプロポーズの言葉－
⑦資料と問い－テーマ－
　　例：漫画・アニメにおいてプロポーズはどのように表現されているか
　　　　－結婚が自明でない時代の恋愛の終着点－
⑧具体的－抽象的－
　　例：婚約破棄、悪役令嬢、そして溺愛
　　　　－現代日本のYA小説における制度としての結婚－

主題と副題を持つ題について学んできました。皆さんの分野で発行されている論文雑誌を手にとって、どのような題があるかを見てみましょう。分野ごとに題のつけ方に特徴があるかもしれません。

副題は「－○○○－」とダーシではさみます。波線（〜○○○〜）や他の印（「★○○○★」）は使いません。ダーシは最初の一つだけをつける場合もあります。

アクティビティ

● あまり長くない研究コラムの文章を切り取り、その記事の内容を最もよく示す題をつけてみましょう。主題と副題をつけてみましょう。クラス全員で同じ文章に対する題をつけて比較すると、一つの文章につける題にはたくさんの候補があることがわかります。

● 自分の研究論文に題をつけましょう。同じ領域でどんなにたくさんの論文が発表されても独自性を守れるように、自分の研究の特性を反映させた題を工夫して下さい。

3. 要旨の役割

では、題をつけたところで、今度は要旨を書きましょう。

導入

論文の要旨には役割があります。その役割は、次のうちどちらに当てはまるでしょう。
① 映画の予告編
② 野球のダイジェスト

論文の要旨は、研究の中身を要約して伝えるためにあります。つまり他の研究者が、参考にできる論文であるかどうかを判断するために読むのです。例えば、論文の要旨だけを読むことができるデータベースを調べて、実際の論文を取り寄せて読むかどうかを判断します。あるいは、自分の論文に引用できそうな論文であるかを見ます。

　研究者は、具体的にはどのような点を知りたくて要旨を読むでしょうか。同じテーマでどのような研究が過去に行われたのかを知りたいとき、同じ研究対象について調べた研究同士でそれぞれの結果を比較したいとき、同じ結果が出ている論文同士の研究方法を比較したいとき、同じテーマの論文の中で研究対象者の規模がどれくらい異なるかをみたいとき、などでしょう。ですから要旨には、結果を含むすべての要素を提示する必要があるのです。

4.　要旨の内容

　論文の要旨は次のように書きます。

---

①研究目的を書く。（先行する研究の内容と範囲）
②研究対象、その規模を書く。対象資料とその範囲、種類を書く。
③研究過程を書く。
④研究結果を書く。
⑤結論を書く。

　それぞれの項目を一文で書くという目安でよいでしょう。文献研究、実証研究ともに、研究結果だけは2文あるいは3文以上になるかもしれません。

　先行研究に関する情報は、実証研究よりも文献研究で多く書かれる傾向にあります。

　重要な情報を漏らさないように、それでいて簡潔に書きます。要旨の字数を制限している論文雑誌も多いので、何度か書き直しをして研究のすべての

要素が制限字数の中で納まるように工夫を重ねて下さい。同じ言葉が不要に繰りかえされないようにし、また多くの情報が入れられるように言葉を選びます。

　論文雑誌の要旨は「ブロックになるように」書きます。一字下げをせず、段落も変えずに書きます。

■練習問題

　次の記述を、要旨に載せるためにできるだけ字数を減らして表現し直しましょう。
①33%という結果が得られた。
②結果から導き出される結論は、男女比が半々であったということである。
③本研究で選んだ調査方法は、フォーマル・インタビューであった。
④この研究目的を遂行するために選んだ研究方法は、観察である。
⑤データを収集し、後に分析した。

アクティビティ
◉論文雑誌の要旨を読み、どの文が研究のどの部分を示しているかを読み取りましょう。

◉自分の論文の要旨を書きましょう。200字で書いてみて下さい。

22

論文を評価する［文献研究］［実証研究］

　さてここまでは、一つ一つの章を書くことに意識を集中してきました。ここでは、各章をつなぎあわせて一つの論文として仕上げること、そしてその論文を評価する観点について考えていきましょう。

導入

　次の評価のうち、適切なものはどれですか。またなぜですか。

実証研究

①新しいことが何も提唱されていないが、先行文献を非常に丁寧に読み込んでいるので、論文として優れている。

②文献研究を丁寧に行いその上実証データも分析して統合的に探求しようとした研究である。だから優れている。

③研究方法を見ると、データの信憑性に疑わしい部分がある。しかし、研究結果でこれまでにない成果を出しているので、優れた論文である。

④仮説を立てて実験を行い観察をしている。しかし、結果的に仮説は棄却された。したがって研究としてあまり価値のないものである。

文献研究

①新しいことが何も提唱されていないが、先行文献を非常に丁寧に読み込んでいるので、論文として優れている。

②特に新しい理論を提唱したわけではないが、新たな一次資料を発掘した研究なので優れている。

③一次資料の直接引用がほとんどない論文だが、二次資料は最新のもの
　が丁寧に読み込まれているので優れている。
④入手が簡単で著名な一次資料に触れられていないため、価値がない論
　文である。

1.　各章のつなぎ合わせ

　最終の章まで書き上げたとします。最後に何をしたらよいか、手順を追っ
て見ていきましょう。

1.1.　序章を書き直す

　結果の報告、考察を経て結論を書きましたね。その結論を自分で読んでか
ら以前書いた序章を読み直してみましょう。合わなくなっている内容やずれ
てしまっている表現がたくさんあると思います。かなり根本的な部分から内
容を修正したくなる場合もあるでしょう。そこで、研究全体を視野にいれて
序章を書き直します。

1.2.　序章と結論章のつながりを確認

　佐渡島は、学生さんから論文を受け取ると、まず序章と結論章を続けて読
みます。間の章を飛ばして読むのです。優れた論文は、序章と結論章が、並
べると一枚の絵になる二つの部分のようになっているものです。序章で示し
た「研究の問い」が結論章で「研究の答え」として明確に示されているでしょ
うか。示していない問いについて答えていたり、問いを示していたのに答え
ていなかったりということのないようにします。いつの間にか問いが別の問
いに摩り替えられている、ということもないようにします。

1.3. 各章の構成を確認

　節立ては、論文のわかりやすさを決める要素の一つです。実証研究では特に、「研究目的」▶「研究方法」▶「研究結果」という一連の流れが、統一された節立てで書かれているとわかりやすくなります。

　例えば、次のような研究をしたとします。それぞれの章でこのままの順序で節が構成されているとわかりやすいですね。

序章（部分）
研究目的は以下の2点である。
①小学校6年生で「私のおいたち」を作文にする際、生徒は「エピソード」をどのように書いているかを明らかにする。
②小学校6年生が、「エピソード」を自分史の中に書こうとするのはなぜか、どのように書こうとしたのかを明らかにする。

研究方法の章（部分）
①生徒の作文を収集、分析して、「エピソード」が書かれているかどうかを見る。「エピソード」は予め定義する。
②「エピソード」を書いた生徒に、なぜ、どのように書いたかをインタビューして聞く。

研究結果の章の構成
第一節　生徒作文分析の結果
第二節　生徒インタビューの結果

　通して読んだときに、読者が研究の枠組みを文章構成からも再確認できるとよいですね。

1.4. 見出しのレベルや表現を確認

　章、節、項をすべて書き出した場合、それぞれの章の中でレベルが揃っているばかりでなく、論文全体を通してもレベルが揃っているとわかりやすくなります。見出し記号は一般に次のように大きいレベルから下がっていきます。

　　　　Ⅰ　Ⅱ　Ⅲ
　　　　　1．2．3．
　　　　　　（1）（2）（3）
　　　　　　　1）2）3）
　　　　　　　　①　②　③または i　　ii　　iii

　　　第一章、第二章、第三章
　　　　第一節、第二節、第三節
　　　　　第一項、第二項、第三項

　　　1　　　　2　　　　3
　　　　1.1　　　2.1　　　3.1
　　　　　1.1.1　　2.1.1　　3.1.1

　記号ばかりでなく、語句の表現も揃えるとよいですね。論文を通して確認しましょう。次の見出しは表現の仕方が揃っています。

①作文に「エピソード」はどのように書かれていたか。
②生徒は、「エピソード」をなぜ、どのように書いたのか。

①作文における「エピソード」の記述
②インタビューにみる「エピソード」の記述過程と記述理由

①「エピソード」記述の実態

②「エピソード」記述の過程と理由

カテゴリが混同した見出しをつけることを避けることも大切です。

■練習問題

下はある論文の結果の章です。見出しには問題があるでしょうか。また、なぜですか。

第IV章　結果

　　第1節　観察結果

　　第2節　インタビュー結果

　　第3節　なぜK社では早期退職者が多いのか

　　第4節　結果まとめ

四つの節の見出しにおける用語にカテゴリの混同が見られますね。「観察結果」と「インタビュー結果」と「結果まとめ」は、〈研究の要素〉を表す用語によって示されています。しかし「なぜK社では早期退職者が多いのか」は〈研究の内容〉を表す用語によって示された見出しです。使われている言葉が属するカテゴリが異なっているのです。

2.　文献研究における評価観点

■練習問題

ある文献研究を評価して下さいと言われたとします。どのような点に着目しますか。思いつく評価観点を書き出しましょう。

研究の枠組みに関する評価観点としては、次のようなものが考えられるで

しょう。

①価値のあるテーマを追求しているか。

②新しい研究成果を目指しているか。

③新しい研究成果を目指していることを十分な先行研究の検討によって示しているか。

④研究目的を遂行するために適切な資料を調べているか。

⑤一次資料の短所と長所を把握しているか。

⑥資料の分析・解釈は適切か。

⑦一次資料の引用は適切に行われているか。

⑧深い洞察をもって考察しているか。

　特に文献研究においては、「はじめに一次資料ありき」です。理論的な研究では例外もあるかもしれませんが、大枠において、文献研究においては、一次資料の使い方が評価の鍵になります。例えば、一次資料の引用部分を見るだけで、著者が、一体何に着目し、どのような意味を引き出そうとしているのか、わかるものです。

3.　実証研究における評価観点

■練習問題

　ある実証研究を評価して下さいと言われたとします。どのような点に着目しますか。思いつく評価観点を書き出しましょう。

　研究の枠組みに関する評価観点としては、次のようなものが考えられるでしょう。

①価値のあるテーマを追求しているか。

②新しい研究成果を目指しているか。

③新しい研究成果を目指していることを十分な先行研究の検討によって示し

ているか。

④研究の問いが適切か。

⑤研究目的を遂行するために適切な研究方法がとられているか。

⑥研究対象や規模は適切か。

⑦データの分析・解釈は適切か。

⑧深い洞察をもって考察しているか。

4.　評価によって学ぶ

　適切な評価ができるということは、評価観点が頭に入っているということです。評価観点を知らなければ評価はできないからです。さらに、評価観点を知っているということは、研究の仕方や論文の書き方を知っているということに他なりません。

　ですから、評価をするという行為は、研究の仕方や論文の書き方を学ぶことと重なっているといえます。自分の論文や人の論文をじっくりと評価しましょう。それによって研究の仕方や論文の書き方がどんどん上達していくはずです。自分の研究と似ているもの、あるいは、自分のとは異なる様々な研究を評価してみましょう。何かしら違和感を覚える点があったら、なぜ違和感を覚えるのかを追究してみることをおすすめします。そこに問題が潜んでいることは少なくありません。

アクティビティ

◉論文を人と交換しましょう。そして評価しあいましょう。研究仲間をつくりましょう。研究会など発表の機会をつくりましょう。

23

研究計画書を書く［文献研究］

導入

①研究計画書は、いつ書くべきものでしょうか。
②研究計画書に書くべき事項にはどのようなものがありますか。思いつ
　く限り並べてください。

　［論文編］［文献研究］の最後の章では研究計画書を書きます。今までに学んだことを全て思い出しながら、現実的な研究計画が立てられるかどうか、試してみましょう。

1.　研究計画書の目的と読者を明らかにする

　論文作成と同様、研究計画書にも読み手がいます。まず、誰に、何の目的で自分の研究の計画を説明しなければならないのか考えてみましょう。計画書を書く目的は指導教官に、卒業論文や修士論文のアイディアを説明するためでしょうか。留学を考えていて、選考書類の中に研究計画書が含まれている場合もあるでしょう。奨学金や研究助成金をもらうために、自分の研究について説明する必要があるのかもしれませんね。また、ひょっとしたら自分自身のために書いてみるのかもしれません。知り合いと一緒に共同研究をするのであれば、何をするつもりなのか、みんながわかるように計画書を書く必要が出てくるでしょう。また、上の例からもわかるように研究計画書は、

実は研究を始める時だけでなく、研究のさまざまな段階で書くものです。特に文献研究の場合は、下調べの前と後とでは計画が大きく変わることもあるでしょう。

　目的と読者によって、研究計画書には違いが出てきます。研究助成金をもらうのであれば、どのようにお金を使うつもりなのか、お金の使い道をはっきりさせる必要が出てきます。共同研究の場合、誰が何を分担するのか明らかにしておく必要があります。指導教官に説明するためであれば、多少インフォーマルでもよいかもしれません。また、学校によっては修士論文の計画書にフォーマットが設けられている場合もあります。

アクティビティ
◉下の質問表の答えを埋めてみましょう。
　①この研究計画書を書く目的は何ですか。
　②この研究計画書を読む人は誰ですか。
　③計画書の読者が知りたいことはどのようなことだと思いますか。

2.　研究の目的と先行研究との関係について明らかにする

　研究計画書をどのような目的で書くにせよ、計画書は自分の研究がなぜ重要なのか、読む人に伝わるように書かなくてはなりません。他の研究と比べてどこが新しいのか、この研究をする重要性はどこにあるのか、明らかにします。序論の書き方を参考にしてみてください。

　研究計画書は、研究をする前に書くものですが、出来上がった論文がどのようなものになるのか、想像しながら書きます。設計図なしで家を建てるのが難しいように、しっかりとした計画なしに論文を書くのも非常に難しいものだからです。

3. 研究の条件について考える

　一本の論文を書き上げた段階の皆さんには、もうおわかりだと思いますが、研究は限られた時間と条件の中でするものです。教科書に書いてあることを覚えていけばよかった高校までの通常の勉強とは異なり、時間やお金、情報などを管理していくことが求められます。また、自分の持っている能力によってできる研究とできない研究がでてきます。例えば、イタリアの少子化問題について調べたいのであれば、当然イタリア語が読めなければ無理でしょう。研究条件を把握することが具体性のある研究計画書を書くための第一歩です。

4.「やりたいこと」はできるだけ絞る

　興味の範囲は広いに越したことがありませんが、研究計画書は範囲を明確にしなければなりません。範囲が明確になっているということは、同時に論文の全体像がまがりなりにも見えかけているということです。修士課程に入る時点での研究計画書でしたら、大体の方向性がわかっていれば良し、とする先生が多いでしょう。しかし、修士論文に手をつける時点では、少なくとも、実証研究なのか、文献研究なのか、どのような方法論や資料を用いるつもりなのか、そして、どの問いに答えるつもりなのかがはっきりしていることが求められるはずです。

　博士課程入学時の研究計画書では、最初から明確に範囲をしぼった研究計画ができていることが求められることでしょう。

◉下の問いに答えてみましょう。

①あなたの問題意識は何ですか。

②問題意識の背景には何がありますか。

③あなたが書こうとしている論文は、今まで言われてきたこととどのような関係を持ちますか。

④問いに答えるためにはどのようなアプローチをとりますか。使う資料や方法はどのようなものですか。

◉グループで研究計画を立ててみましょう。

※くじや記入用シートはウェブサイトに入っています。

①4 – 6人のグループを作ります。

②グループ内で以下の係を決めます。（司会・発表・書記・くじびき係）

③基礎研究条件は以下のように決まっています。基礎研究期間は6ヶ月、基礎研究予算は5万円です。グループメンバーの技能が基礎技能になります。

④くじをひいてその他の条件を決定します。ひょっとしたら研究助成金がもらえたりするかもしれません。

⑤最終的に与えられた条件でできそうな研究計画を立ててみましょう。まず、ブレーン・ストーミングをして、使えそうなアイディアをさがします。その後グループで問い、方法、予想される結果（仮説）、手順を決めます。

⑥出来上がった研究結果を発表します。他のグループが発表している間は、質問を考えておきましょう。それぞれのグループには白星が10個、黒星が3個与えられます。特に良かった項目に白星を、特に悪かった項目に黒星を与えましょう。最終的に、その星を、自分たち以外のグループに割り振ることになります。

⑦質疑応答をします。

⑧質疑応答がおわったら、グループで相談して星を割り振ります。

24

研究における倫理的な問題
［文献研究］［実証研究］

　次の項目を、研究者の態度として適切なものと適切でないものに分けなさい。

①インドに住んでいる友人にインタビューをしたいのだが、インドまで行く費用がないので、電話でインタビューをした。

②見つけた資料に発行年月が書かれていなかったので、論文では、だいたいの推測で1938年と記述した。

③過半数の人が困っていると予測していたが、データ収集の結果、48.5%の人が困っているという結果が出た。そこで、あと数人の困っていそうな人に声をかけて協力者を増やした。

④写真を撮った日時を忘れてしまったので、だいたい思い出して「7月15日」とした。

⑤学習塾でビデオ撮影をした。塾の社長と授業担当の先生に許可をもらったので、ビデオテープを校内で開かれた研究会で写して観た。

⑥論文をA学会の学会誌で発表した後、B学会からも論文を書かないかと言われた。そこで同じ論文をほとんど手を加えないまま提出した。

　この章では、研究をする上で忘れてはならない倫理的な問題について考えましょう。研究者として大切な態度を三つ挙げたいと思います。他の研究者に対して謙虚であること、データに対して謙虚であること、研究協力者に対

して謙虚であることです。

1.　他の研究者に対してどこまでも謙虚に

　参考文献や引用、先行研究に関する章で学んだように、研究とは分野全体で進んでいくものです。論文は単なる学習発表会としての性質を持つものではなく、お互いがお互いの仕事の上に新しい発見を積み上げていくためのコミュニケーション手段としての役割を持つものでしたね。ですから、他の研究者の仕事を自分の成果のように示したり（剽窃）、出典元を明記せずに書き写したりするような行為は、その仕事を成し遂げた研究者に対して失礼です。その仕事を成した研究者に対して失礼なばかりでなく、その領域で研鑽を積もうとしている研究者全員に対しても敬意が足りない行為だといえます。

　参考にする文献は引用すること、引用したら出典元を明記することは重要です。

2.　データに対してどこまでも謙虚に

　研究とは、現実をとらえようとする仕事です。先人の残した資料や、目に見えること、耳に聞こえることなどから、物事の本質をとらえようとする仕事です。そうした現実の一端がデータであるわけですから、データを尊重せずに現実をとらえる仕事ができるはずがありません。

　しかし、データを作り変える行為（捏造）が後を絶たないのは悲しいことです。新聞をにぎわすこうした行為は、研究者が本来の目標をすっかり忘れて別の目標に向かって走っている姿に他ならないでしょう。

　インタビュー発言などのデータ内容はもちろんのこと、データ収集の日時、場所、協力者の人数、協力者のプロフィールなどデータ収集過程を示す情報も正確に明記する態度を常に持ちたいものです。

3. 研究協力者に対してどこまでも謙虚に

■練習問題

資料Aと資料Bは、それぞれ誰が誰に出した書類でしょうか。何のために書かれた書類でしょうか。

資料A

> University of Illinois
> at Urbana-Champaign
>
> Bureau of Educational Research
> College of Education
> 236 Education Building
> 1310 South Sixth Street
> Champaign, IL 61820
>
> December XX, 19XX
> Ms. Saori Sadoshima
> Department of Curriculum and Instruction
>
> Dear Ms. Sadoshima,
>
> On behalf of the College of Education Human Subjects Review Committee, I have reviewed your research project entitled, "X XXXX XX XXXX XXXX X XXX XXX XXX XXXX." I have found that this project meets the exemption criteria for federal regulation 46.101(b)1 for research conducted in established educational settings involving normal educational practices.
>
> Good luck with your research.
>
> Sincerely,
>
> *Signature*
>
> Sonda, XXXXX, Ph.D.
> Staff, College of Education Human Subjects Review Committee
>
> c: Bonnie XXXXXXX

資料B

University of Illinois
at Urbana-Champaign

Department of Curriculum
College of Education
and Instruction
311 Education Building
1310 South Sixth Street
Champaign, IL 61820-6990

Dear Parent or guardian: April XX, 19XX

We would like to include your child, along with his or her classmates, in a research project designed to explore effective ways to teach writing in various situations.

If your child takes part in this project, he or she will receive instruction, by the classroom teacher, in writing in several genres (narrative, expository, and persuasive). Instruction will be part of your child's normal language arts lessons and will be held during the regular classroom hours during April and May. During writing instruction, the classroom activities will be videotaped. Your child may also be interviewed by the researcher one-four times during this period. Each interview will last about 15 minutes. Your child's writing will be collected as samples.

Your child's participation in this research project is completely voluntary. In addition to your permission, your child will also be asked by the classroom teacher to give his or her agreement to be included in the research. Only those children who want to participate will do so, and any child may stop taking part at any time. You are also free to withdraw your permission for your child's participation at any time. The information that is obtained during this research project will be kept confidential and will not become a part of your child's school record.

If you do not wish your child to participate in this study, please sign and return the form below to the classroom teacher by April XX, 19XX. If you have any questions, please contact us either by mail or by telephone at 337-XXXX (Saori Sadoshima) or 244-XXXX(Bonnie XXXXXXX). We look forward to working with your child. We think that our research may help to improve the teaching of writing in elementary schools.

Sincerely,

    Signature   Signature
Saori Sadoshima, Graduate Student   Bonnie XXXXXXX, Professor

- -

I have read the letter from Saori Sadoshima and Bonnie XXXXXXX, and I do not wish my child to participate in their study of teaching writing.

    Signature of parent or guardian   Child's name

あなたの研究には、人間が参加していますか。

　アメリカの大学院では、人間の参加を含むすべての研究が、参加している人の人権を守っているかを確認する機関が併設されているのです。この機関はThe Human Subjects Review Committeeといい、月に一度ずつ会議を開いて、研究計画の審査をし許可を与えています。修士学生も博士学生も、論文の研究計画書がこの審査を通過するまでは、データ収集をすることができません。

　若い年齢の人を研究対象に使うことに対しては、特に厳しい制限があります。離婚訴訟の最中に、別れて暮らす親御さんが自分の子どもを捜している場合もありますし、国境や人種を越えて子どもを養子縁組している家族もたくさんあります。つまり、子どもの居場所や姿を明かしたくないという事情をかかえている人がいるわけです。学級で一人でも参加しないという文書を提出した子どもか保護者がいると、ビデオ撮影は、後ろ姿しか映らない、部屋の後ろから行うことになります。

　同じような議論は日本でも盛んになってきました。論文を書く際には、調査協力者の人権を守る配慮をしましょう。

　研究は、他の研究者、資料、データ、研究協力者の存在があってはじめて成り立つものです。研究者は、どこまでも謙虚な気持ちをもって研究をしていきたいものです。

おわりに

　本書はこれでひとたび終わります。皆さんは、文章の書き方と論文の書き方の基礎を学んだことになります。しかし、もちろん、論文を書く訓練に終わりはありません。学び終えた今、もっと知りたいこと、わからなかったこと、疑問に思ったことがある、という方もいるでしょう。この本で学んだことを第一歩として、これからもさまざまな問いを追求していって下さい。「はじめに」で述べた「方法」を身につけた皆さんは、より深く、広く、価値の高い「知識」を作り出すことができるようになっているはずです。

　この本を使って下さった学生の皆さん、またこの本を教えるために使って下さった先生方、本の内容に関する感想や疑問点を佐渡島と吉野まで（編集部付　hensyu@hituzi.co.jp）ご連絡ください。明確にならなかった説明、納得のいかなかった練習問題、授業でうまくいかなかったアクティビティなどありましたら教えて下さい。皆さんのフィードバックを取り入れて、まだまだこの教科書を良いものにしていきたいと考えています。

　この教科書を作るにあたって、さまざまな方にお世話になりました。まず、早稲田大学アジア太平洋研究科にて佐渡島、吉野の講義をとってくれた学生の皆さんと、第一文学部人文専修で佐渡島の卒論指導を受けた学生の皆さんにお礼を申し上げたいと思います。お一人一人に承諾を得ることはできませんでしたが、本書で扱われている多くの事例は、皆さんの研究にヒントを得ています。皆さんの生き生きとした好奇心と探究心が、そのままこの教科書の内容となりました。毎週、毎週、課題と格闘しながら論文の書き方を学んでいった皆さんの努力なしにこの教科書はありませんでした。ありがとうございました。

また、ひつじ書房の編集の皆様、特にこの教科書を世に出す決断をしてくださった松本功さんに心からの感謝をささげたいと思います。佐渡島と吉野は、この教科書で説明した方式を用いてライティング教育に携わってきました。ですから教壇で伝えてきたことをそのまま紙に載せれば教科書になると考えていました。しかし、口頭でわかりやすい説明と文章にしてわかりやすい説明は違うものです。執筆は思うようにいきませんでした。そんな私たちを見守り、何度も丁寧なコメントを返してくださったのが松本さんです。授業を教科書にするにあたって、私たちの理念を理解してくださる出版社に出会えたことは、本当に幸運なことでした。

　本稿の最終チェックは四人の大学院生の方が手伝ってくれました。阿部新さん、大勝裕史さん、鈴木辰一さん、田中祐輔さんの四人です。大勝さんは、ウェブサイトに入っている様々な書式の説明製作も手伝ってくれました。また、本書の元となった授業を履修していた大学院生の方々からは、様々なアイディアをいただいたことを感謝申し上げます。

　最後になりましたが、デザインをしてくださった大崎善治さんに謝辞を述べたいと思います。

　学問の内容だけでなく、方法を学ぶことの重要性は、佐渡島と吉野が、二人とも非常に強く感じていることでした。末筆ながら、この教科書が、方法領域の重要性を広く認識していただくための、ささやかながらも、一助となれば幸いです。

索引

あ

アメリカ　3, 55, 61, 86, 137, 187,
　　264
あいづち　216, 234
アイディア・プロセッサ　144
アウトライン　56, 59, 142-147
アウトライン化　58
アウトライン作成用のソフト　145
朝日新聞　59, 109, 192
厚い記述　220
アルファベット　62, 71, 104, 108,
　　166
and others　65
言い換え　106, 109
イギリス　61, 112, 152
一次資料　62, 68, 86, 154-157,
　　160, 163, 248, 249, 253
一文一義　14-19
一文多義　17, 19
今田高俊　120, 123
意味が重複　21
意味づけ　218, 220
意味のすきま　106, 108
意味範囲　20, 21
イメージ　27, 33, 124, 172, 197,
　　208, 209
芋づる式　188
因果関係　133
インターネット上の資料　67, 68,
　　125
インターネット書店　163
インタビュー　86, 87, 118-121,
　　128, 129, 151, 176, 177, 192,
　　194-198, 200-206,

208-213, 214-223, 224-
　　231, 232-236, 242-244,
　　247, 250-252, 260, 261
インデックス・カード　78
インフォーマル・インタビュー
　　196, 197, 200, 214-223,
　　224, 229, 233, 234
引用　60-62, 68-71, 72-79,
　　80-89, 93, 98, 100, 176,
　　184, 191, 212, 218-222,
　　228, 233, 234, 246, 253,
　　261
引用符　75, 81, 84
引用文献　62
引用ページ　75, 82-85, 88, 89
宇佐美寛　15, 19, 48, 50
et al.　65
映画　61, 67, 160
映像　116, 118, 157, 170-173, 195,
　　229, 230, 234
映像分析　192, 195, 229, 230,
　　234
英単語の頭文字　107, 108
APA　61, 62
MHRA　61-65, 137
MLA　61, 62, 136, 137
置き換え語　106
小田豊二　216, 223
音読　111, 112

か

カーネー（Carney）　226, 227, 231
絵画　125, 171
会議録　125, 174, 177
外国語文献　62, 149
解説　18
概念　25, 27, 30, 37, 133, 183
外来語　104-109
科学的な文章　12

書き抜き　80, 131
学位論文　158
学術研究の分類　117
学術雑誌　66, 139, 159
学術情報ポータルサイト　137
学術的な文章　11, 12, 21, 24, 87,
　　94, 100, 185
学術的文章　10, 11, 98
学術論文　10, 36, 38, 59, 60, 61,
　　63, 68, 86, 91, 92, 112, 116,
　　121, 122, 158, 159, 189
各章の構成　250
飾り　71, 91, 93
箇条書き　11, 44, 50, 109, 148,
　　183
仮説　195, 248, 259
画像　170-173, 229
数え上げる　45-50, 100
片仮名　107, 109
語りかける　100
学会　122, 123, 137, 243
カテゴリ　166, 167, 252
仮名　156, 202
苅谷剛彦　133, 135
観察　118, 119, 128, 192, 194,
　　195, 205, 224-230, 232,
　　233, 235, 236, 247, 248
観察者　119, 226, 228, 231
観察者の位置　119
観察ノート　227
ギアーツ（Geertz）　220, 223
キーワード　25, 27, 30, 109, 110,
　　111
規格化　167
企画書　125
帰結　18
疑似相関　133, 135
擬似相関関係　38
規定文　34, 35, 36-39, 42, 110,
　　111

疑問文　102, 132, 134
脚注　69
客観性　96, 97, 220
キャッチコピー　173
業績　86, 87, 121, 122
共同研究　256, 257
切り抜き　165
記録用紙　230
議論のバランス　111
Google Scholar　136, 137
Google Books　136, 137
クラスメート　180
グラフ　91-93
クリアファイル　166, 167
グループ　5, 223, 259
グループ・インタビュー　198
ケース・スタディ　121
結果の章　130, 131, 189, 224,
　　　226, 227, 231, 235, 238
結果報告　212
結論　4, 13, 48, 111, 127, 130,
　　　139, 147, 151, 164, 178, 179,
　　　184, 227, 238-241, 246,
　　　247, 249
結論章　180, 249
結論の章　130, 131, 238-241
結論部　110, 178, 179
研究過程　201, 206, 235, 246
研究業績　121
研究協力者　203, 210, 232, 236,
　　　260, 262, 264
研究計画　139, 256, 258, 259,
　　　264
研究計画書　191, 203, 242,
　　　256-258, 264
研究結果　54, 127, 129, 130,
　　　182, 193, 206, 216, 232,
　　　238-241, 246, 248, 250,
　　　259
研究結果の章　232, 236, 237, 238

研究者の態度　260
研究所　122
研究助成金　256, 257, 259
研究対象　54, 117, 121, 123, 158,
　　　160, 201-203, 238, 246,
　　　254, 264
研究対象者　202, 203, 238, 246
研究テーマ　129, 140, 155, 182,
　　　186, 187, 199, 238
研究ノート　122
研究の種類　117, 123
研究の条件　258
研究の問い　129, 132-135, 140,
　　　182-184, 186-188, 192,
　　　193, 199, 208, 214, 218,
　　　220, 223, 233, 237, 238,
　　　239, 244, 249, 254
研究方法　119, 129, 182,
　　　192-194, 199, 201, 205,
　　　206, 208, 228, 239, 244,
　　　246, 247, 248, 250, 254
研究方法の章　200, 201, 203,
　　　205, 206, 235, 236, 238,
　　　242, 250
研究目的　44, 117, 118, 128, 130,
　　　131, 147, 182, 183, 186, 192,
　　　194, 197, 198, 200, 201,
　　　230, 232, 236, 239-241,
　　　244, 246, 247, 250, 253,
　　　254
原語　104, 105, 108, 109
検索・置換　113
検索エンジン　137, 140
小池和男　212, 213
効果音　173
考察　127, 130, 182, 202, 224,
　　　238-241, 249, 253, 254
考察の章　130, 131, 238, 239,
　　　241
構成　20, 33, 55-58, 110-112,

　　　124, 127, 129, 131, 142, 143,
　　　149, 151, 152, 178, 183-185,
　　　188, 201, 206, 221, 235,
　　　236, 238, 239, 250
校正用のツール　112
構想　26, 27, 30, 56, 57, 184
広報紙　104, 107
コーディング　218, 226, 229
コード　218, 226, 227
ゴールド（Gold）　119, 123
国勢調査　121
国立国語研究所　104, 106, 109
国立情報学研究所　137
誤字　112
コピー　155, 159, 165-167, 173
細かい問い　134, 135, 188, 237
固有名詞　24
根拠　12, 38-42, 95, 96
コンピュータファイルの管理　165,
　　　167

さ

作業用書誌　162-164
雑誌記事　65, 122, 158
雑誌名　66
査読　122
さまざまな声　86
三角測量　194
参加者　119
参考文献　60-71, 88, 116, 128,
　　　130, 188, 261
CiNii　136, 137
J-stage　136
JSTOR　136, 137, 159
シカゴ書式　61, 68, 235
色調　171
思考の単位　15
指示代名詞　21, 25
事実と意見　97, 98

時制　203
事前調査　205, 206, 238
自然的　117–119
字体　173
下調べ　126, 136, 139, 140, 257
実験的　117–119
実証研究　86, 117, 118, 123, 124,
　　　　126, 128, 129, 136, 151,
　　　　155, 156, 175, 182, 183,
　　　　186, 190, 191, 199, 201,
　　　　205, 246, 248, 250, 253,
　　　　258
実証データ　224, 248
実数　24
質的研究　5, 117, 119, 120, 192,
　　　　194, 228, 237, 243
質問項目　208, 209, 212, 233
指導教官　20, 66, 68, 86, 109,
　　　　164, 256, 257
写真　125, 128, 155, 170, 171, 173,
　　　　204, 225, 260
社説　158
収集したデータ　120, 202, 218,
　　　　231, 232, 238
主題　172, 242–245
主張　12, 34, 35, 36–42, 58, 74,
　　　　151
主張の内容　37
主張の役割　37
出典情報　69, 70
出版社名　64
出版年　63
準実験的　117–119
準フォーマル・インタビュー　234
奨学金　256
条件を制御　118
書誌情報　62, 69, 70, 88, 163–165
助詞の「の」　22, 25
序章　129, 131, 182–185, 238
書籍名　64, 66

序文　30
序論　109, 111, 127, 129, 148–151,
　　　　158, 164, 165, 178, 257
序論部　110, 148, 151
資料　128, 130, 180, 204
事例研究　54, 117, 121
人権　156, 225, 264
新書　64
新聞記事　19, 65, 88, 102, 122
図　90–93, 232, 235
推敲・校正　110, 112, 113
数量的研究　117, 120, 192, 193,
　　　　194
鈴木みどり　173
図の題　92, 235
図表　90–93
図や表の引用　93
姓　62, 64, 71
政府機関　68
接続関係　18
接続表現　18, 19
セミ・フォーマル・インタビュー
　　　　196
先行研究　125, 127, 129, 131,
　　　　149, 152, 158–160, 163, 178,
　　　　180, 186–191, 192, 203,
　　　　238, 240, 241, 246, 253,
　　　　257, 261
先行研究に関する記述　241
先行研究の章　131, 186, 188–191,
　　　　203, 238
全体構造　59
全体の問い　134, 135, 188, 237
専門用語　104, 105, 108, 109
相関関係　120, 133
蔵書検索　163
卒業論文　26, 30, 109, 111, 121,
　　　　135, 143, 149, 185, 197, 256

た
大学紀要　122
題　22, 25, 60, 62, 65, 66, 68, 69,
　　　　71, 80, 92, 131, 148,
　　　　162–164, 180, 204, 235,
　　　　242–245
対話　29, 30, 215, 216, 219
多元的方法　194
他者と交流　29
脱字　112
縦線　91, 93, 235
妥当性　12, 40, 41, 97
単独インタビュー　198
段落　33, 55, 57–59, 102, 211, 219,
　　　　221, 228, 229, 233–235,
　　　　247
段落内構造　59
談話分析　192
地図　204
注記　128, 130
抽象的な概念　24
抽象度　52–59, 83, 145
抽象のハシゴ　53–54, 59
中心文　33–35
注番号　61, 70
注方式　61–63, 71
調査協力者の人権　264
調査の道具　137
著作権　83, 92, 138
著者年方式　61–63, 70, 71
著者名　60, 62–65, 67, 68, 70,
　　　　71, 88, 89, 164, 167
追跡インタビュー調査　121
定義　3, 37, 38, 70, 96, 97, 108,
　　　　109, 183, 250
提出日　112
定性分析　117, 192
定量分析　117, 192
データ　11, 86, 92, 117–120, 122,

123, 128, 129, 137, 155,
174-177, 191, 192, 194, 198,
202, 205, 210, 212, 213,
218, 220, 224-231, 232,
235, 237, 238, 247, 248,
254, 260, 261, 264
データ収集　118, 201-203, 210,
213, 229, 237, 260, 261, 264
データ収集法　117-119, 123
データの管理　225
データ分析法　117, 120, 123
データベース　137, 138, 159, 160,
162, 163, 166, 167, 246
テーマの選択　132, 209
手紙　125, 151, 155, 156, 176, 177
出口調査　121
転換　18
電子カタログ　159
天声人語　59
問いの細分化　134, 184
トゥールミン（Toulmin）　40
統計処理　120
投書　77
登場人物　172
独自性　128, 245
読者　12, 15, 24, 31, 33, 36, 37,
39, 45, 47-50, 57, 61, 62,
64, 71, 75, 76, 82, 87, 89,
91-93, 96, 99-102,
148-151, 158, 191, 205, 214,
219, 228, 233, 234, 250,
256, 257
図書館　5, 68, 126, 138, 152. 154,
155, 159, 160, 163, 165
トライアンギュレーション　194
トランスクライバー　218

な

内容領域　3

二次資料　62, 154, 155, 158-160,
164, 249
日記　125, 151, 156, 157, 176
日本語文献　62
ニュース　125, 157
ねじれた文　15, 17
ノート　69, 162, 195, 212, 215,
217, 224, 225, 227
野矢茂樹　18, 19

は

背景　172
パイロット・スタディ　205
白書　104, 109
博物館　165
ハフ　133, 135
ハヤカワ（Hayakawa）　53, 59
パラグラフ　32-35, 37, 58, 110,
111
パラグラフ・ライティング　102, 219,
221, 229, 233
パロディ　172
パワー・ライティング　55-59, 184
パワー構造　59
反証可能性　61, 67, 68
PDF ファイル　159, 165, 167, 169
比較研究　117, 121
筆頭著者　65
表　90-93, 129, 231, 232,
235-237
評価　239, 248, 252-254
評価観点　252-254
表記ゆれ　113
表の題　92, 235
フィールド　118, 119, 194, 195,
224, 225
フィールド調査　119
フィールドでの観察　195, 196
フォーマル・インタビュー　196,

197, 200, 208, 210, 212,
213, 224, 228, 232-234,
242, 247
付加　18
深い構造　226, 227, 229
福澤一吉　40, 42
副題　242-245
ブース（Booth）　114, 149, 152
付箋紙　144
不要な言葉　22
振り返り　239, 240
ブレーン・ストーミング　26-20,
31, 143, 144, 259
ブロック引用　72, 75-79, 80, 82,
83, 86, 191, 219
プロフィール　210, 215, 221, 261
文化的な制約　41
文献研究　86, 116-118, 124-128,
136, 139, 142, 148, 151, 155,
163, 165, 171, 175, 176, 188,
189, 243, 246, 248, 252,
253, 256-258
文献研究資料　125
文庫本　64, 71
文書館（アーカイブ）　165
ペア　151
並列の関係でない概念　23
ページ番号　66, 69, 84
編集手帳　59
what 質問　134, 135
報告書　121, 188
方法の章　130, 131, 200, 201,
203, 205, 206, 238
方法領域　3
補足　18, 19
why 質問　134
翻訳書籍　64
本論　111, 127
本論部　110

ま

マイクロソフト　113
マイクロソフト Wold　113
孫引き　88, 89
マップ　26–31, 58, 184
マルチメソード　194
見出し記号　251
見出しのレベル　251
道案内　99–102
見取り図　159, 231
名　64
メディアの特性　156, 157
メモ　125
メモ帳　212
目次　127, 129, 235
目的の章　131, 182
目的と読者　256, 257
文字起こし　217, 234
モデル検証　117
モデル構築　117

や

山崎朋子　225, 231
要旨　127, 129, 148, 242, 245–247
要約引用　80, 81, 86, 88, 191
読売新聞　59
世論調査　54, 121

ら

ライティング・プロセス　26
リアリティ　227–229
リサーチ・ダイアリー　168
理由　18
留学　256
理論検証　117
理論構築　117
倫理的な問題　156, 260
例示　18

レファレンス資料　136, 138
録音　66, 125, 201, 210, 216–218,
　　225, 234
録音機器　210, 216–218
論拠　40, 41
論拠の妥当性　41
論証　12, 36–38
論点　44–50, 58, 74, 79, 119, 178
論文雑誌　121–123, 130,
　　243, 245, 247
論文の構成　124, 127, 129, 142,
　　143, 149, 151, 178, 183, 238,
　　239
論文の設計図　142
論文の目的　37, 149, 151
論文バックナンバー　159
論理構成　110, 111
論理トレーニング　18, 19

わ

ワーキング・ビブリオグラフィー
　　162, 169
ワープロソフト　70, 91, 112, 113,
　　162
話題別　227, 229
私　99, 102, 220
私語り　94–96, 98, 99, 102, 220

【著者紹介】

佐渡島紗織（さどしま さおり）

1998 年米国イリノイ大学で Ph.D を取得。現在、早稲田大学国際学術院教授。
専門は国語教育。著書に『文章チュータリングの理念と実践―早稲田大学ライティング・センターでの取り組み』(共編、ひつじ書房、2013 年)など。2002 年より早稲田大学にてアカデミック・ライティングの指導と支援に携わる。

吉野亜矢子（よしの あやこ）

2005 年英国ケンブリッジ大学で Ph.D を取得。早稲田大学教育学部准教授を経て、現在、リーズ大学にて日本語教育に携わる。専門はイギリス文学・文化。著書に *Pageant Fever: Local History and Consumerism in Edwardian England*(早稲田大学出版部、2011 年)など。

これから研究を書くひとのためのガイドブック　第 2 版
ライティングの挑戦 15 週間
Writing Your Research: Effective Academic Writing in 15 Weeks
Saori Sadoshima and Ayako Yoshino

発行　　2021 年 2 月 25 日　第 2 版第 1 刷
　　　　2023 年 4 月 5 日　　　第 3 刷
　　　　(2008 年 5 月 20 日第 1 版第 1 刷　2020 年 3 月 25 日第 9 刷)
定価　　2000 円＋税
著者　　© 佐渡島紗織・吉野亜矢子
発行者　松本功
装丁組版　大崎善治
印刷製本所　株式会社 シナノ
発行所　株式会社 ひつじ書房
　　　　〒 112-0011 東京都文京区千石 2-1-2　大和ビル 2F
　　　　Tel.03-5319-4916 Fax.03-5319-4917
　　　　郵便振替 00120-8-142852
　　　　toiawase@hituzi.co.jp　https://www.hituzi.co.jp/

ISBN978-4-8234-1089-5　C1080